仏教の未来年表

鵜飼秀徳
Ukai Hidenori

PHP新書

序章

「死なき時代の宗教」はどこに行くか

いまは、仏教史上最大の変革期

1500年の歴史を有する日本の仏教がいま、過渡期にある。

仏教が、朝鮮半島を経由してわが国にやってきたのは、大和政権の時代のことだ。中世、多くの分派に分かれるが、時の権力者によって庇護《ひご》されてきた。そして、江戸時代に入ると庶民生活とも結びつき、寺は地域社会の核となった。

振り返ると、日本仏教は必ずしも常に安泰であったわけではない。たとえば、明治維新時には廃仏毀釈《はいぶつきしゃく》に遭い、戦後は農地改革という難局に見舞われた。存続をも危ぶまれる危機的状況であったが、不死鳥の如《ごと》く再生と発展を遂げてきている。

これほどの長きにわたって、ひとつの組織が存続してきたのは、仏教教団以外にはあまり例がない。それは、その時々の社会にとって、仏教が必要とされてきたからにほかならない。そしていま、仏教は過去最大の変革期に差し掛かっている。

さらに忘れてはならないのが、仏教と密接に関係する「死」についてである。厚生労働省は、2023年の死亡数が過去最多の159万503人となったと公表した。3年連続で過去最高を更新し続け、従前の予測値「2030年に死者160万人」に5年以上も早く達する見込み。統計学上の予測よりも死亡数が上回る「超過死亡」状態が続く異常事態といえる。

誰もが死から逃れられず、仏教と無縁ではいられない。未知の多死社会を迎え、私たちの「死」に対する認識も変化を余儀なくされている。

こうした背景から、日本の仏教や弔《とむら》いなどの慣習は今後、どのように変化し、あるいは消えていくのか。本書では、現状を把握するとともに未来を見据えた仏教のあり方を論じていく。全31項の「未来予想」には、近い将来に起こりうる事象、ないしは筆者の「独自予測」

を記した。なかには、目を覆いたくなる衝撃的な予測も含まれていることだろう。

本題に入る前に、仏教にまつわる象徴的な5つの変化を挙げて、ざっと「予習」をしてみたい。

変化1　檀家制度の危機

わかりやすいところでいえば、これまで寺院を支えてきた「檀家《だんか》制度」が、風前の灯《ともしび》だ。

檀家制度とは1638（寛永15）年頃から、江戸幕府がすべての日本人に対して、寺請《てらうけ》証文を受けることを義務づけたことに始まる。

寺請証文とは、葬儀を担う寺を菩提寺とし、その檀家がキリシタンではないことを住職が署名捺印して証明する身分証明書を指す。これによって、庶民は菩提寺を持ち、集落や寺院境内地に墓をつくり、住職が葬儀や法事などを担う体制が整った。

江戸幕府が倒れて明治新政府が誕生した時、公的な意味での檀家制度はなくなったものの、「ムラ社会の中のイエの弔い（慣習としての檀家制度）」は途絶えることなく、こんにちまで続いている。

ところが現代社会においては、長男であっても故郷を離れ、都会で核家族を形成している。

そして菩提寺や墓、仏壇を守ってきた親が亡くなるのをきっかけに「墓じまい」をして、菩提寺を離れるケースが増えている。

その結果、「墓（遺骨）」が動き出した。自分たちの住む都会に、改葬する動きである。その受け皿として、無宗教式の永代供養墓（納骨堂や樹木葬など）が増えてきている。こうした永代供養を手がける都会の寺は、檀家制度を敷かないことがある。護持《ごじ》の義務や縛りがあまりなく、「会員契約」のような自由さが支持されている。

もちろん、一長一短はある。遠く離れた故郷の墓の維持管理から解放される一方で、今度は自分たちで、自分たちの埋まる場所を探さねばならない。永代供養は納骨の期限付き契約がほとんどだ。その都度、遺骨を移す手間とコストがかかることがあるので、注意が必要である。

いずれにしても、都会の永代供養の広がりが、檀家制度を骨抜きにしている。いまだ根強く寺檀《じだん》関係が残っている地方都市でも、少しずつ時間をかけて檀家制度が崩れていくことだろう。

変化2　LGBTQと戒名不要論

檀家制度の崩壊に伴い、古くからの仏教的慣習の一部は消えていくだろう。最も存続が危ういのが戒名《かいみょう》だと思う。戒名が一般大衆化したのは、江戸時代の檀家制度の成立以降である。戒名は、信心の深さなどに依拠しながら住職がつけるが、江戸時代は当時の身分や貧富の差なども反映されてきた。

戒名は「院」「居士《こじ》」「大姉《だいし》」などのグレードの高いものから、「信士《しんじ》」「信女《しんにょ》」などの一般的なものまである。だが、そもそも戒名にグレードを設けていること自体、平等や慈悲をうたう仏教の理念とはかけ離れている。

また、高位の戒名を高額で売買するような寺も出現し、トラブルを生じさせている現実をみれば、戒名が不幸を呼び寄せる元凶になっているともいえる。

戒名不要論が広がっていくと考えられるもうひとつの根拠には、ジェンダーレス社会の到来がある。戒名は原則、「男女の区別」がある。

だが、ＬＧＢＴＱ（性的少数者）の人は、戸籍上とは反対の性の戒名を希望することが十分、考えられる。この時に、理解のない住職が対応を誤れば、ＬＧＢＴＱの人やその家族を苦しませかねない。近い将来、性差を明確にした旧来の戒名ではなく、俗名（生前の戸籍上の名前）や、新しい概念の戒名で弔われる例が増えていくかもしれない。

変化3　寺院のデジタル化

寺院の空間や儀式、悩みへの寄り添い、お布施の支払いなどは「寺院版ＤＸ（デジタルトランスフォーメーション）」によって今後、大きく変わっていくだろう。ＶＲ（コンピュータグラフィックスで構成された仮想現実）やＡＲ（現実の空間にデジタル情報を取り入れること。拡張現実）を積極的に取り入れている寺院や企業がすでに出現している。

ＶＲやオンラインによる参拝（デジタル参拝）は、２０２０（令和２）年以降、コロナ禍をきっかけに一気に広がりをみせた。たとえば奈良の東大寺や、東京の増上寺などの大寺院で取り入れられてきている。コロナ禍が収束して、各地の寺院にはリアルな参拝が戻ってきたが、他方でデジタル参拝はより拡大している。

デジタル参拝は高齢者や足の不自由な人にとっては、ありがたい参拝方法だ。特に高齢者施設において、入居者の娯楽と癒しの機会の提供として、デジタル参拝を取り入れるケースが増えていくに違いない。

今後は法事や墓参《ぼさん》、仏壇供養でもＶＲ・ＡＲを取り入れた試みが出てきそうだ。リアルな寺や自宅において、故人のデジタル画像や生前の音声などを、供養の演出として盛り込むようなイメージである。

　江戸時代から庶民に浸透した仏壇は「自宅版ミニチュア寺院」ともいえるものである。将来的には「ＡＲ仏壇」がその延長線上に登場するかもしれない。伝統的な宗教空間とデジタル技術には、実は親和性がある。

　デジタル技術は、空き寺問題の一助にもなり得る。たとえば各地の無住（住職のいない）寺院には、仏像や仏具、建造物などの貴重な文化財が数多《あまた》、残されている。寺院が無住化すれば、文化財が毀損されるだけではなく、盗難の危険にもさらされる。仏教界でデジタルアーカイブが進めば、文化財の保全や管理に寄与すると同時に、展示・公開もしやすくなる。

　また、現金主義であった寺院の世界において、キャッシュレス化はこの数年のうちに一気に進むだろう。キャッシュレス化が遅れている最大の理由は、収支がオープンになってしまうことを寺院側が嫌厭《けんえん》しているからである。

　だが、時代の流れには抗《あらが》えない。一部の寺院では、積極的にキャッシュレス決済を導入している。キャッシュレス化はむしろ、これまで不透明であった寺院の会計が明朗になり、自浄作用につながる点でも期待ができそうだ。デジタルが、仏教に新境地をもたらすかもしれない。

変化4　「不老不死」の実現

他方で、テクノロジーが宗教の存在をも脅かす時代が、じわじわと迫っている。

ＡＩ（人工知能）の進化による「シンギュラリティ」の到来である。２０４５（令和27）年には人工知能が人間の脳を超える、と予測されている。

われわれの記憶や、人を愛したり、悲しんだり、といった感情面までもがＡＩに置き換えられる時代がやってくる可能性がある。アバター（自分の分身）の登場である。すると事実上、人類は永遠の命を手に入れることになる。

人類は有史以来、「不死」を渇望し続けた。手塚治虫の漫画「火の鳥」では、不老不死の霊薬「火の鳥の生き血」を求める多くの権力者の姿が描かれている。

ロシアの起業家ドミトリー・イツコフ氏は〝不老不死〟を実現させるために、脳の情報をコンピューターに移植するプロジェクト「２０４５イニシアティブ」を立ちあげた。イツコフ氏は「人間の人格を、アバターに移すことが最終目標」と語っている。

医療も、根源的には不老長寿を願い、叶える手段、としてみることもできる。たとえばｉＰＳ細胞は、未来の再生医療を支えるものとして、期待されている。

近年は未来の蘇生を願って死後、遺体の冷凍保存を希望する富豪もいる。ロシアでは液体窒素を使って、死後100年先まで遺体を保存し、未来の医療に託すビジネスが成立しているという。

死は避けられないからこそ、人々は宗教による「救済」を求めてきたのだ。現在のところ、イツコフ氏の野望のように「人格」を、アバターに移植するところまでは実現できていない。だが、いずれは「完全なる分身」を持てる時代がやってくるかもしれない。「死なき時代の宗教」は、存在意義をどこに見出せるだろうか。

変化5　都市型寺院の誕生

寺院空間に話を戻すと今後、都会型寺院は商業施設との融合が進むだろう。本書では、建物の老朽化によって存続が危ぶまれた京都と大阪の古刹《こさつ》が、ホテルと一体化させることで再生に成功した事例を紹介する。

ホテルだけではなく、たとえば東京都内では、商業ビルやマンションとの一体型寺院も増えてきている。いずれも、家賃収入によって寺院経営を健全化させる都会型寺院のスキームとして、有効な手段である。

ホテル宿泊客やビルの利用客、マンションの住民らに対し、新たに仏教との接点が生まれることも期待できそうだ。

＊

いまの中高年が世代交替を終える２０６０（令和42）年頃、仏教は「新しい仏教（シン・仏教）」として、生まれ変わっているはずだ。これから日本で何が起きるか、私たちはどうすればいいのか、考えをめぐらすきっかけとして本書を活用してもらえれば望外の喜びである。

それでは早速、仏教の未来予想年表をひも解くとしよう。

仏教の未来年表●目次

序章

「死なき時代の宗教」はどこに行くか

いまは、仏教史上最大の変革期……3
変化1 檀家制度の危機……5
変化2 LGBTQと戒名不要論……6
変化3 寺院のデジタル化……8
変化4 「不老不死」の実現……10
変化5 都市型寺院の誕生……11

第1章

社会が変われば仏教も変わる

未来予想1 2060年

世界の仏教人口は著しく減少

イスラム教が世界最大の宗教に……30

ミレニアル世代の「教会離れ」が止まらない……32
欧米における「仏教人気」の実態……34
日本では仏教と神道のダブルスタンダードが続く……35

未来予想2 2028年
「大半の無宗教者」が選挙の行方を左右する

国際秩序へも影響する大問題……37
「仏壇は保有しているが、仏教徒ではない」……39
かつての宗教大国は「14億人総中国化」へと進む……41

未来予想3 2036年
都内から「鎮守の杜」が消える

都市開発に立ちはだかる宗教観……43
「人間も自然も平等」という考え方……45
神社の樹木を守るために立ち上がった博物学者……47
神宮外苑は宗教施設である……48

「外苑の収入」が8割以上を占める明治神宮……51
外苑の樹木は「神の依代」……52

未来予想4 2030年
寺がLGBTQにとっての安全地帯になる
平等であるはずの仏教が「差別」……55
男性なら「居士・信士」、女性なら「大姉・信女」……56
僧侶兼メイクアップアーティストの告白……58
「女性同士の仏前結婚式がしたい」……60

未来予想5 2035年
人間とペットが一緒に弔われる
ペットとの合葬を願う飼い主たち……63
死後世界における人間と動物の「住み分け」……65
米国で見られるペット埋葬の変化……68

未来予想6 2030年

生あるものへの弔いが多様化する
ハムスター、ヘビ、金魚……「過剰なペット供養」…… 70
全国各地からカブトムシが持ち込まれる…… 72
虫塚建立に向けた養老孟司氏の想い…… 75

未来予想7 2040年
多死社会で「骨葬」が増える
被災地の遺族が「早期の火葬」を希望したワケ…… 78
4人に1人が孤独死に怯える時代に…… 80
コスパ時代に見合った「骨葬」…… 83
漁師町、企業の社葬は、骨葬が基本…… 84

未来予想8 2040年
「一族の墓」から「みんなの墓」に
3人に1人が未婚の時代に起きる「墓問題」…… 86
「義理の姉と同じ墓はイヤ」…… 88

墓の継承を決定づける「きょうだい仲」……89

未来予想9 2050年
ムスリム用土葬墓地が各県にできる
ムスリムの土葬墓を巡る混乱……92
カトリック教会が墓不足の救世主に……94
反対する住民、二転三転する候補地……96
いまこそ、宗教の垣根を超えた相互理解を……99

第2章 寺院の現状と課題

未来予想10 2060年
日本の寺が4万2000か寺に激減する
学校やコンビニより多い寺院数……102
全体の2割が空き寺、正住寺院の3割が「空き寺予備軍」……103

地方の寺院から離檀させない仕組みづくり……105
住職は副業しないと食べていけない……106

未来予想11 2030年

単立寺院が1割を超え、買収される事例が増える

民間企業が寺院を乗っ取る……109
トラブル・犯罪の根底にある寺院の承継問題……111
なかには億単位で取り引きされる寺院も……112
宗教法人の圧倒的「税制優遇」……114

未来予想12 2050年

東西本願寺が合併するか

167もの仏教系宗派……117
有名な「あの寺」も、教団は小規模……119
新宗派の勢力縮小が止まらない……121

未来予想13 2030年

自動搬送式納骨堂の倒産ドミノが起きる

最悪の場合、遺骨が戻ってこない……126
推定5億円の売上げも「ずっと赤字だった」……127
永代使用料が宗教法人に入らない「カラクリ」……129
「自動搬送式納骨堂神話」の崩壊に備えよ……130

未来予想14 2029年

寺院合体型ホテルの建設が相次ぐ

客室から本尊阿弥陀如来がチラリ……133
元銀行マンならではの「再建案」……136
朝のお勤めに参加し、御朱印をもらう……138
続々と開業する「寺院一体型ホテル」……140
歴史が証明する大阪と浄土真宗の深い関係……141
企業の支援により「御堂会館」が生まれ変わる……144
スタバに経本!? 仏教と触れ合う若者たち……146

第3章 テクノロジーが仏教を変える

未来予想15 2035年
国宝・重要文化財のデジタルアーカイブが完了する

VRシアターで東大寺大仏の「予習」……150
「4K」「8K」に合わせてアップグレード……152
曼荼羅の復元にも貢献……153
江戸城天守、平城京……を次々再現……155

未来予想16 2028年
アンドロイド仏が、各地で説法を開始する

仏像の概念を根底から覆す存在……158
観音菩薩が「何にでも変身できる」……160
「正真正銘の仏像」といえる根拠とは……162
「信仰とは何か」を考えてみる……164

未来予想17 2027年
高齢者施設で「オンライン参拝」が当たり前に
京都にいながら芝・増上寺に初詣……167
非公開エリアまで見られるオンラインツアー……168
寺院でキャッシュレス決済が導入されるか……172
寺院にとって小銭は都合がわるい……173
現金主義が根強く残る「管理費の支払い」……175
20年後に現金を使っているのは、神社仏閣だけ？……177

未来予想18 2030年
僧侶が「生成AI」に取って代わられる
不安を癒してくれる場所を求めて「書き込み」……180
ChatGPTに「死別の苦しみ」の対処法を聞いてみた……183
「元ヤンAI僧侶」が喝！……187
「生死」があいまいになることで生じる弊害……190

第4章 弔いの未来

未来予想19 2032年 火葬場でお骨を完全消滅させるサービスが開始

「骨揚げ説明」を拒絶する人たち……194
「喉仏の説明」は東京ならでは……196
骨揚げは恰好の「情操教育」になる……198

未来予想20 2040年 霊柩車が完全に姿を消す

教養としての「宮型霊柩車の歴史」……201
「不浄なる存在」が果たした役割……203

未来予想21 2035年
「直葬」の割合が過半数に達する
上司の親の葬式に出席する機会がない …… 205
家族葬は割安か？ …… 207
葬式費用を抑える5つのポイント …… 211

未来予想22 2028年
墓じまいブームが終わる
縁者がいるのに継承しないワケ …… 213
新たな費用が次々発生 …… 216
責任感が強いがゆえに悩む …… 218

未来予想23 2029年
樹木葬が墓の主流になる
女性を中心に人気が拡大 …… 221
地域それぞれの特色を活かした葬法 …… 224

未来予想24 2034年
「お布施」が有名無実に
布施はサービスの「対価」ではない……228
金額より大事な「寺檀の信頼関係」……229
「1件あたり30万円」は妥当か……232
「法要が苦痛になる」一般人の声……236

未来予想25 2034年
「戒名」がなくなる
人生における「最後の通過儀礼」のはずだが……238
「うんこくさい」を戒名にした有名人……241
戒名料のバブルはなぜ起きたか……243

第5章 未来の寺院をどうつくるか

未来予想26 2033年
仏教版SDGsが発足
仏教の平等思想そのもの …… 246
宗派を超えた「仏教の輪」が待たれる …… 247

未来予想27 2040年
地方創生の切り札「寺院再生モデル」が各地で発足
1株のあじさいが「世界の絶景地」に …… 250
お守りからフォトウェディングまで …… 253
ジューンブライドシーズンにぴったりの寺 …… 256
労働力を地元に頼る …… 257
「あじさいの近くのお墓で眠りたい」 …… 260

未来予想28 2040年
寺院葬が葬祭ホール葬を上回る
死者との対話が喪失 …… 262
「僧侶が脇役」の葬儀は、勿体無い …… 264
住職と喪主の関係はどうあるべきか …… 266

未来予想29 2035年
大規模災害多発で、伝承碑建立が国家事業に
次世代に向けて警鐘を鳴らす石碑 …… 268
感染症の伝承碑は存在するか …… 270

未来予想30 2070年
宗教教育が公教育に組み込まれる
宗教リテラシーの欠如が招いた悲劇 …… 274
宗教の授業は政教分離に違反するか …… 276
フランスやドイツにおける宗教教育 …… 278

未来予想31 2070年

Z世代の終活で「新たな葬送」の模索が始まる

毎年、先祖のお墓に行く若者たち 280
世代で異なる「墓の保有」の是非 282
Z世代は、「ピュアに」死後世界と向き合っている 284
いつの時代も「死」を見つめ、考える 286

結びにかえて

宗教を学べば社会の本質が見えてくる 288

仏教の未来予想年表 294

＊本書の情報は、２０２４年8月時点のものです
＊クレジットが明記されていない画像は、著者撮影によるものです

第1章

社会が変われば仏教も変わる

未来予想 1 2060年

世界の仏教人口は著しく減少

イスラム教が世界最大の宗教に

仏教は衰退し、キリスト教は現状維持、イスラム教は繁栄の時代を迎える——。

世界三大宗教の仏教、キリスト教、イスラム教の勢力が転換点を迎えている。将来的にはイスラム教が世界で最大の勢力となる見込みだ。宗教構造の変化は、国際政治や生活習慣などにも影響を与える可能性がある。

現在、世界最大の宗教勢力はキリスト教だ。世界の総人口約80億人（2022年）のうちキリスト教徒が約23億人（人口比で29％）を占めている。次いでイスラム教徒が約18億人（23％）、ヒンズー教徒約が約11億人（14％）、仏教徒が約5億人（6％）、民俗信仰が約4億人（5％）だ。

日本の神道は国際的な分類では、「民俗信仰」のカテゴリに入る。ちなみに、無宗教は約12億人（15％）である。

この宗教構造が、ドラスティックに変化する。世界の宗教動静を調査している米国ピューリサーチセンターによれば、２０６０（令和42）年までにはイスラム教徒が30億人（人口比30％）、キリスト教徒が31億人（31％）とほぼ同等になり、その後はイスラム教が世界最大の宗教に躍り出ると見込んでいる。

数の上では仏教徒を上回っているヒンズー教徒も11億人から14億人（14％）に増える。ユダヤ教徒は１４３０万人から１６４０万人になると予測されている。

では仏教徒はどうか。仏教徒は５億人から４億６２００万人（５％）に減少する。世界宗教の中では唯一の減退となる見通し。同時に無宗教者も３ポイントほど減少に転じると見込まれる。

こうした宗教構造が変化する背景には、世界人口の激増がある。世界の人口は、現在の約80億人から２０６０年には１００億人を突破すると予見されている。この人口増加傾向が高い地域と、イスラム教信仰圏とが重なるのだ。

たとえば、人口約2億7000万人のうち9割近くがイスラム教徒というインドネシア。2060年代中頃には、さらに5000万人ほど人口が増える見通しだ。

また、サハラ砂漠以南のアフリカ諸国では、民俗信仰に加えてイスラム教とキリスト教を信じる割合が高い。この地域は合計特殊出生率が4〜7という高水準にある。したがってこの地域では、キリスト教も爆発的に信者数を伸ばすようにも思われる。

ミレニアル世代の「教会離れ」が止まらない

他方で、キリスト教は北アメリカやヨーロッパなどの先進諸国で出生率が低下する傾向にあるため、伸び率を押し下げている。

もっといえば、キリスト教は欧米においては「教会離れ」「宗教転換」が進み、有史以来の危機的状況に直面している。

ピューリサーチセンターが2018（平成30）年から2019（令和元）年にかけて実施した調査では、「自分が信じる宗教は何ですか」という質問に対し、「キリスト教」と回答した米国の成人は65％。この数字は2009（平成21）年の77％から12ポイントも減少している。

宗派でみればプロテスタント（51％→43％）とカトリック（23％→20％）では、ややプロテスタントのほうが、減少割合が高いという。全キリスト教徒のうち、定期的に教会に通う割合も52％から47％と減少している。

一方で「無神論者」の割合は、２００９年の17％から９ポイント増えて26％になった。現在、米国では、カトリック信者よりも無神論者のほうが多数派になってきているという実態がある。

その背景には、日本とは異なる米国の信仰形態がある。日本の場合は、序章でも述べたように「イエ」で宗教を継承していくことが多い。だが、米国では親や夫がカトリックだからといって、子どもや妻もカトリックを信じるとは限らない。

特に、１９８０（昭和55）年から１９９５（平成７）年頃に生まれたミレニアル世代の教会離れは顕著である。彼らはＩＴリテラシーに長けており、旧来からの教会のつながりよりも、インターネット（ＳＮＳ）を通じた無宗教コミュニティを求める傾向にあるとの分析もある。

ヨーロッパでも教会離れは加速している。国によって原因は異なるものの、たとえばフランスやイギリス、アイルランド、オーストリアなどでは聖職者による性的虐待問題が大きく影響している。

性的虐待は21世紀に入ってから社会問題化した。フランスでは独立委員会が立ち上がり、１

950年以降に虐待に関わったカトリック教会関係者が最大3200人にも及ぶことを明らかにしている。

ドイツでは教会税から逃れたいという理由で、教会からの脱会が相次いでいる。同国では教会に所属するキリスト教徒である場合、所得税の8～10%が教会税として課される。日本に置き換えれば、どこかの菩提寺の檀家であれば「寺院税」を支払う義務が発生するということと同じ。この教会税逃れのためこの数年、毎年20万人以上の信者が教会から離れている。教会がジリ貧になった結果、教会が売りに出され、替わってイスラム教のモスクが入るという事態になっている。

欧米における「仏教人気」の実態

欧米における教会離れの受け皿のひとつになっているのが、仏教である。米国では半世紀前まではほとんど存在しなかった仏教徒の割合が近年、増えてきている。

アップルやグーグルなどの社内で「瞑想」が取り入れられてきた影響もあり、「マインドフルネス」や「ZEN（禅）」、あるいは最近では「念仏」などにより集中力アップやストレス軽減を図ろうとする動きがみられる。インターネットを通じて、仏教の教えに触れる「ナイトスタンド・ブディスト」という人々も増えている。

　だが、欧米における仏教はまだまだマイナーな宗教であり、教会を離れた人々は「無宗教者」に転じるケースがほとんどだ。

　欧米における無宗教者の拡大や、全世界的なイスラム教の広がりは良くも悪くも、国際関係に影響を与えそうだ。確かに経済面ではメリットもある。ムスリムを対象にしたハラール食品やファッションなどのマーケットの拡大が予想される。

　一方で、歴史的にイスラム教はキリスト教と対立関係にあり、宗教的価値観の違いによる摩擦が生じないとも限らない。また、女性に対する人権や教育、社会進出、あるいは表現の自由などが制限されているイスラム教の国家もあり、課題は少なくない。

日本では仏教と神道のダブルスタンダードが続く

　グローバルな宗教変動が起きている一方で、日本の宗教構造は当面は安定的に推移すると予測できる。

　現在、日本人の信仰は仏教徒が７０７６万人、神道が８３９６万人、キリスト教徒が１２６万人、その他の諸教が７００万人だ（文化庁「宗教年鑑　令和５年」）。

人口約1億2400万人（2024年、総務省統計局）に対し、宗教人口が合計1億6000万人以上になっているのは日本人の多くが仏教と神道を掛け持ちしている混淆《こんこう》宗教だからである。地域の寺の檀家であり、近所の神社の氏子であるといったふうに。

その日本において、中長期的な宗教人口の増減を予測した調査は存在しない。

だが、NHK放送文化研究所が実施している宗教に関する調査をみれば、「信仰している宗教」の仏教の割合は2008（平成20）年調査と2018（平成30）年調査では男性が3ポイント増、女性が5ポイント減であり、欧米ほどの大きな変化はみられない。わが国の信仰形態は仏教と神道のハイブリッドである状態が当面は続くと考えられる。

日本でも、後述する「寺離れ」「無宗教化」が叫ばれ続けているが、「信仰割合」の上では欧米の教会離れに比べればまだ楽観視できるレベルかもしれない。

最も、今後のわが国は経験したことのない少子高齢化、人口減少の局面に入る。檀信徒《だんしんと》の絶対数の減少は寺院経済に大いに影響を及ぼす。

また、SNSの普及などを背景にして、目まぐるしく社会の価値観が変容してきている。先の見えない時代において、仏教がどの部分で変化を容認し、あるいは伝統を守っていくのか。その見極めの時期にきている。

未来予想2 2028年

「大半の無宗教者」が選挙の行方を左右する

国際秩序へも影響する大問題

日本人は62％、米国人は28％、中国は90％以上、北朝鮮は１００％（２０２３年調査）——。

特定の宗教に所属しない「無宗教者」の割合は国ごとに大きく異なっている。

世界のリサーチ会社の結果を取りまとめてみると、日本の無宗教率はこの10年でほぼ横ばいで推移していることがわかった。前項で「米国では、無神論者が多数派になってきている」と述べたとおり、米国人の無宗教率は高止まり傾向にある。

日米両国ともに「イエの宗教」が弱体化してきていることに加え、ＡＩ時代の到来が無宗教化に拍車をかけていると考えられる。宗教依存度の低下は、国際秩序へも影響するだけに軽視できない問題だ。

米ピューリサーチセンターによれば現在、米国の成人のおよそ28％が「何の宗教にも所属していない（無宗教者）」としている。この割合は２００７（平成19）年の16％から右肩上がりに増加しており、２０２２（平成４）年には30％を超えた。２０２３（令和５）年の今回の調査では2ポイントほど戻したが、無宗教化は高止まるか、さらに増加していくと思われる。

無宗教層は、何らかの宗教に所属している者よりも年齢層が若いという特徴がある。米国人といえば敬虔《けいけん》なクリスチャンが多い印象だが、じわじわと無宗教化が広がっていることがわかる。

無宗教を標榜する理由について、全体の3分の2が「宗教の教えに疑問をもっているから」としている。これは、近年のＡＩの広がりが背景にありそうだ。

ＡＩは時と場所を選ばず、「どう生きて死んでいくか」という、人間の根源的な悩み（宗教的な悩み）にも瞬時に回答してくれる。まさにＡＩが宗教に取って代わる時代に入ったといえる。

米国での無宗教者の増加は、将来の大統領選挙にも少なからず影響を与えるだろう。同センターは「無宗教者は宗教に関心がある人々に比べて、選挙の投票に足を運ぶ頻度が低い。また地域社会でのボランティア活動にも参加しない傾向にある」と分析している。これは、日本でも同じことがいえる。

宗教コミュニティに参加しないことと、市民参加の機会が希薄なことは相関しているといえそうだ。さらに無宗教層は政治的には「リベラル」を自認する傾向にあり、逆に「保守的」とする割合は低い。

宗教と政治との関係性の中で、特に大統領選挙において大きな影響力をもつのが、プロテスタント非主流派のキリスト教福音派である。彼らは、聖書の教えに忠実で、極めて保守的なのが特徴だ。人工妊娠中絶や同性婚など世俗化の流れには抵抗の姿勢を示す。

福音派は、共和党トランプ前大統領の支持基盤としても知られ、2024（令和6）年秋の大統領選挙の行方を左右する存在でもある。米国の無宗教層の広がりは、相対的に宗教保守派の減少を招くかもしれず、将来的には米国の投票行動は、よりリベラルな民主党候補有利に流れていく可能性はあるかもしれない。

「仏壇は保有しているが、仏教徒ではない」

翻って、日本の無宗教の割合はどうか。2018（平成30）年にNHK放送文化研究所が実施した調査の「ふだん信仰している宗教がありますか」との設問で、「信仰している宗教はない（無宗教）」は62％だった。前回調査の2008（平成20）年では61％だったので、ほぼ横ばいである。米国と比べると、はるかに無宗教率が高い。

ほかの回答では、「仏教」が31％（前回33％）、「神道」3％（前回同じ）、「キリスト教」1％（前回同じ）、「その他の宗教」1％（前回同じ）となっている。

本調査で興味深い項目が「仏壇の所有率」だ。仏壇を所有しているということは、そのイエ（先祖代々）が仏教徒であることを証明している。

戦後間もない1951（昭和26）年調査では、80％の家庭で仏壇を所有していた。それが、1998（平成10）年で71％、2018（平成30）年では72％と緩やかに仏壇所有率が減少してきている。

背景には、仏間をもたないマンション住まいの核家族の増加がありそうだ。

矛盾するのが、先のデータで「日本人の31％が仏教徒」と示したことと、「仏壇所有率72％」が合致しない点だ。前者の数字はあくまでも「仏教徒と自認している」割合である。日本人の場合、「うちのイエは先祖代々からどこかのお寺の檀家（仏教徒）であるが、『私という個人』では仏教徒を自認はしていない」ということだろう。

さらにいえば、親の死をきっかけに、墓や仏壇を受け継いで初めて、「仏教徒を自認する」

のが日本人なのである。表面的な信仰は薄いようにみえるものの、実際は多数が仏教徒、という不思議な民族なのだ。

かつての宗教大国は「14億人総中国化」へと進む

参考までに日本のように無宗教者が多くを占める国は、アジアに多い。

たとえば、伝統的には儒教や道教を信仰し、あるいは日本仏教の祖ともいえる宗教大国であった中国は、現在ではどうか。

表面的には「中国公民は、宗教信仰の自由を有する」（中華人民共和国憲法第36条）と定めながら、他方で中国共産党の権威を維持するために、厳しく信教の自由を制限してきた実情がある。習近平政権になってからは、中国共産党にとって都合の良い宗教へと変えていく「宗教の中国化」政策を敷いている。

そのため、現在中国人の宗教への帰属意識は極めて低く、無宗教を標榜する割合は9割を超えるとされている。香港も無宗教が多数を占める。

人口およそ14億人を有する中国人のおおかたが無宗教層なのだ。よって、世界での宗教勢力の第2位もしくは第3位（第1位：キリスト教約23億人、第2位：イスラム教約18億人）を、無宗教層が占めていることになる。

北朝鮮は、朝鮮戦争以前までは仏教などが広がっていたが、独裁政権になってからは国民のほぼすべてが無宗教である。

韓国では信仰を持つ人口と、無宗教人口が半々といわれる。

欧米で無宗教者が多いのがチェコとエストニアだ。外務省の海外安全情報のチェコの項目には、「人口の約58％が無宗教、約26％がローマ・カトリックを信仰している」と書かれている。バルト三国のひとつエストニアも「国民の半数以上が無宗教」としている。

パレスチナ問題をはじめ、宗教動向は、時に国家の枠組みをも変える。ジョン・レノンは、名曲「イマジン」の中で《想像してごらん　宗教のない世界を》（一部編集）と歌った。無宗教の世界的な広がりは、人類を幸福にするのか、それとも――。

未来予想 3 2036年

都内から「鎮守の杜」が消える

都市開発に立ちはだかる宗教観

近年、温室効果ガスの排出に伴う地球温暖化や、都市化によるヒートアイランド現象などにより、猛暑が続いている。地球温暖化防止には、エネルギーの抑制とともに森林の再生が効果的だ。そこで近年、日本の仏教や神道の考え方が見直されてきている。ここからは「エコロジーと宗教」の関係と、そのありかたについて述べていく。

夏期の平均気温が統計開始から過去最高を更新するだけでなく、温暖化が影響した大規模な森林火災や水害も各地で発生するなど、予断を許さない状況だ。近代以降、「科学万能」を標榜し、自然をコントロールできると錯覚してきたツケが、われわれに回ってきたのかもしれない。

「自然」という言葉の、本来の意味をご存知だろうか。一般的には「人工」の対義語として使われることが多い。つまり、われわれ人間を取り巻く外部環境――山や川、海などの人為の加わらない空間、あるいは雨や風などの気象現象、動植物などの生物――が、おおまかな「自然」の概念だ。英語で書けば、ネイチャー（nature）となる。

だが、「自然」という言葉は本来、仏教用語として使われてきた。この場合は「じねん」と読み、「おのずとそうなる」「本来、そうであること」「あるがまま」などの意味を包含する。

スポーツや武術において「自然体でのぞむ」という表現がしばしば用いられる。これは「自我で、どうにかしようという考えを捨て、あるがままに身を委ねる」というニュアンスであり、仏教語としての使い方といえる。

「自然（じねん）」は「内なる心の働き」のことであり、人間を取り巻く外部環境という位置づけの「ネイチャー」とはむしろ逆の意味である。

この「あるがまま」を目指す仏教のありようが、温暖化抑制に一役買ってきた側面がある。象徴的なのが、地域の寺や神社の存在である。

都会を歩いていると、街の中にこんもりとした森を見かけることがある。その森の中に入ってみると、時に寺や神社などの宗教施設を見つけることができるだろう。

都会では、せいぜい半世紀ほどの短いスパンで再開発が繰り返されてきている。他方で、土地に根差した寺や神社などの「鎮守の杜《もり》」は、何百年単位でその空間が維持されている。

たとえば、千代田区大手町の再開発において、三井物産本社ビル建て替え工事の際には、平将門《たいらのまさかど》を祀《まつ》った「将門塚」が壊されることなく保全された。事業者は将門の祟《たた》りを畏れ、解体や移転をしなかったのだ。その結果、近代ビル群の合間に、都会のオアシスとなる緑地が存在し、ビジネスパーソンの憩いの場所にもなっている。

東京都内では東京・芝の増上寺、上野の寛永寺、新宿御苑《ぎょえん》や明治神宮などの神社仏閣の空間も然りである。かつては、増上寺は隣接するプリンスホテルや芝公園を含めた敷地が、寛永寺では上野公園全域が、広大な寺院境内地であった。

東京都の寺院数は約2900か寺、神社数は約1500社ある。大阪府でも約3400か寺、約700社だ。それぞれに鎮守の杜が広がっていると考えれば、いかに宗教施設が地球環境の保全に貢献しているかがわかる。

「人間も自然も平等」という考え方

仏教にも造詣《ぞうけい》が深く、環境保護と宗教の関係性についても論じてきたのがノルウェーの哲学者アルネ・ネスである。1972（昭和47）年、ネスによって提唱された「ディープ・エコロジー（深いエコロジー運動）」は、まさに仏教のもつ共生思想そのものといえる。

ディープ・エコロジーは、「シャロー・エコロジー（浅いエコロジー運動）」との対比で用いられる。シャロー・エコロジーは、環境問題に取り組む際に、とりわけ先進諸国の経済・生活・社会保障等のレベルを維持し続けることを前提としている。

ディープ・エコロジーでは、自然に存在する生き物はすべて平等であるととらえ、人間中心的な環境思想は根本から見直さなければならない、と説く。そのため、現在の経済水準を縮小させていくことも求められる。

このディープ・エコロジーの考え方こそ、仏教のもつエコロジー思想とかなりの部分で合致する。たとえば、涅槃経《ねはんぎょう》には《一切衆生　悉有仏性（いっさいしゅじょう　しつうぶっしょう）》と説かれている。これは生きとし生けるもののすべてには、仏としての本質が備わっているという意味であり、ネスの平等思想と相通じる考えだ。

ようするに、「あらゆる命（衆生）は平等」としてとらえ、他者に「慈悲」の態度で接し、さまざまな関係性（縁起）の中で生かされているとの認識（＝共生の意識）をもとう、というのがネスや仏教のエコロジー思想といえる。

神社の樹木を守るために立ち上がった博物学者

神社が有する鎮守の杜を守ろうとしたのが、わが国最初のエコロジストと呼ばれる博物学者の南方熊楠《みなかたくまぐす》であった。きっかけは１９０６（明治39）年、明治政府（西園寺公望《さいおんじきんもち》内閣）による神社合祀令《ごうしれい》の発布であった。

神社合祀令の影響で、多くの神社が無人の祠と化した

神社合祀令とは「神社の廃仏毀釈」と位置付けられている。この法令によって全国の神社が大規模に整理統合されることになった。基本的には、それまで地域に点在していた神社を、１つの町村につき1社にまとめるというもの。これによって１９１４（大正３）年までに、約20万社あった神社が、日本書紀などに記された由緒ある神社のみの7万社まで減らされた。その結果、明治後期に日本の多くの神社の大木が伐採されるという、大規模な環境破壊が国家主導で行われたのである。

現在、地域に無人の祠《ほこら》や、神社境内の片隅に個別で小さな祠が祀られているのをよく眼にするが、神社合祀で再編された際に壊され、「祠化」した事例であることが少なくない。

背景には、明治以降の国家神道によって、神社が国の管理になったことが挙げられる。国は20万もの神社を管理する財源が確保できなくなり、統廃合せざるを得なくなったのだ。神社合祀令によって、約13万社が消えてしまったわけだが、鎮守の杜が消えてしまうことに対して当時、ナショナルトラスト運動が展開されている。

このナショナルトラスト運動の先頭に立ったのが、南方であった。南方の地元、和歌山では激しい神社合祀に見舞われた。約３７００社あったのが６００社に整理されている。

この状況を憂いた南方は、神社合祀反対運動を展開する。神社の樹木は地域の財産であり、生態系を破壊し、地域が衰退していく元凶になりうると警鐘を鳴らした。

南方は投獄されるも、激しい抵抗を示し続けた。南方の運動によって、多くの神社と鎮守の杜が守られた。

神宮外苑は宗教施設である

だが、そんな先人の努力に水を差す騒動が近年、東京都内で起きている。明治神宮外苑の大規模再開発事業である。多くの樹木を伐採し、ビルやスポーツ施設などを建設する計画に、住民や文化人らが反発している。環境影響評価の内容が不十分として、認可をだした東京都を相手に、住民訴訟も起きた。本来、神宮外苑は宗教施設である。

神宮外苑とは北は新宿御苑、西は千駄ヶ谷、東は赤坂御用地、南は青山通りに囲まれた広大なエリアを誇り、新宿区、港区、渋谷区の3区にまたがっている。内苑にあたる明治神宮本体に対し、外苑は500メートルほど東に離れた飛地になっている。有名なのは、黄葉が美しい銀杏《いちょう》並木だ。青山通りからの眺望は、東京の秋を代表する風景になっている。

その、広大な外苑エリアが2036（令和18）年には一変する。現在の神宮球場・第二球場と秩父宮ラグビー場が入れ替わるような立地構造になり、軟式野球場のある場所にテニス場が移動する。都内でもこれだけ大規模な再開発は、そうあるものではない。

近年には大手町や日本橋エリアなどでも大規模再開発事業が行われ、渋谷エリアや新宿エリアも年々開発が進んでいる。だが、こうした商業地と神宮外苑の開発が一線を画すのは、外苑には長年かけて育った多くの樹木があることだ。

再開発では3メートルを超える樹木は700本以上、低木を含めればおよそ3000本の樹木が伐採される予定という。

計画に周辺住民らは「歴史的な木が伐採され、景観を損ねる」「説明が不足している」などとして反発している。音楽家の故坂本龍一氏や、作家の村上春樹氏らが、神宮外苑の再開発に反対を表明して、話題になった。

事業者は、樹木は極力保存し、移植に努めると主張する。同時に、新しく植えることで全体の本数は増やすというが、本数の問題ではない。

年月を経て育った巨木と、新植の木とはまったく意味合いが異なる。森林において木の数が多いということは、未成熟の森ということ。最初はスギやヒノキなどの針葉樹が中心の森の樹木は淘汰を経て、数を減らし、最終的にはクスノキやカシなど広葉樹の巨木が立つ成熟した森となる。

この外苑の「土地所有者」は、あまり知られていない。周辺施設を見渡す限り、国や東京都、特別区あるいは企業が区分所有しているようにみえる。だが、エリアの大部分は、宗教法人明治神宮が保有し、管理しているのだ。

明治神宮が保有している土地は、聖徳記念絵画館のほか、道路部分などを除くいちょう並木、神宮球場、神宮第二球場、ヤクルトクラブハウス、神宮外苑室内テニスコート、神宮外苑ゴルフ練習場、スケート場、など外苑の大部分を占める。

秩父宮ラグビー場、ラグビー場東テニス場は独立行政法人日本スポーツ振興センター（JSC）の所有。東京体育館は東京都の土地だ。新国立競技場はJSCと東京都、新宿区、渋谷区が所有する。

「外苑の収入」が8割以上を占める明治神宮

神宮外苑の多くの土地が、明治神宮に帰属する理由は、明治天皇の崩御時に遡《さかのぼ》る。神宮外苑は、明治天皇崩御後の1920（大正9）年に創建された内苑に続き、同天皇と昭憲《しょうけん》皇太后の遺徳を後世に伝えるために1926（大正15）年に造られた。

外苑の中心的建造物は聖徳記念絵画館（重要文化財）で、旧青山練兵場跡に国立競技場（旧陸上競技場）や神宮球場などのスポーツ施設が造成された。当時は国家神道体制の時代だったので、まさに国策として神宮内苑と外苑が造成されたのだ。

内苑および外苑は、戦後の宗教法人法のもとに宗教法人明治神宮の所有となり、明治記念館や神宮球場などの施設から事業収入（宗教法人の収益事業）を得る収益構造になった。つまり、内苑は初詣などの賽銭《さいせん》や各種儀式などの宗教活動収入が主たる収入であるのに対し、明治神宮全体としての屋台骨は外苑における事業収入というわけだ。

『週刊ダイヤモンド（２０１６年4月16日号）』によると、神宮全体の収入は１４０億円程度としている。内訳として、明治記念館とグループ会社の売上げで合計64億円。その他の外苑の事業総収入はベールに包まれているものの60億円程度（２０１０年）という。

宗教活動収入はおよそ17億円で全収入の12％に過ぎず、残りの88％を収益事業で賄《まかな》っていることになる。直近の詳細の数字は、『週刊ダイヤモンド』の見立てとは多少は異なっていると考えられるが、明治神宮が外苑の収入に大きく依存している構造は変わらないだろう。

神宮内苑は本殿や神楽殿などの宗教建築物のほか、広大な杜や参道の整備・管理、さらには人件費などの固定費に莫大な費用がかかる。賽銭、祈願、お札の販売などでは到底、賄い切れるものではない。外苑がなければ、明治神宮はとっくの昔に経営破綻していることだろう。

それでなくとも明治神宮は近年、コロナ禍における結婚式事業の苦境、参拝者数の激減など、厳しい局面に立たされていたとみられる。外苑を再整備して、付加価値を高め、収益を増やしていきたい考えだ。

外苑の樹木は「神の依代」

明治神宮は、大都会における緑のオアシスであり、祈りの場である。健全な経営体質を維持し、持続可能な神社として未来永劫、継承していかねばならない日本の財産である。そのための再開発事業自体は、否定しない。

問題は、外苑の杜の保全をどうするかだ。外苑に植えられた樹木は182種、約3万4000本に及ぶ。ちなみに、いちょう並木は1923（大正12）年に植栽されたものである。ゆうに1世紀を経なければ、実現しない景観なのだ。

しかも神宮外苑の緑は、ただの林ではない。いわゆる、神社における「鎮守の杜」である。鎮守の杜に育った大木は、自然崇拝の対象となる。樹木そのものが神の依代《よりしろ》となるのだ。

したがって、各地の神社境内の巨木にはしめ縄が張られ、崇められている。都市開発だからといって、おいそれと伐採できる性質のものではない。

たとえば、大阪府寝屋川《ねやがわ》市にある京阪電鉄萱島《かやしま》駅では、地上から推定樹齢700年のクスノキの大木がホームのコンクリートの床と天井を貫いて生えている。このクスノキはアクリル板で覆われている。一切、クスノキを傷つけないように駅舎が建てられているのである。幹にはしめ縄がかけられ、「クスノキに寄せる尊崇の念にお応えして、後世に残すことにした」との看板が置かれている。

1972（昭和47）年、京阪電鉄は高架複々線工事に着手、萱島神社のあった場所にホームが移動することになった。クスノキは伐採される予定だったが、住民運動が起きて保存されることになった。この際、「ご神木を切れば災いが起きるかもしれない」などとの噂が立った。

これは祟りを恐れての措置、と見ることができそうだ。鉄道会社は、常に人命を預かっている。仮にクスノキを切って、その直後に不慮の事故があれば、きっと祟りと結び付けられたに違いない。

翻って、今回の神宮外苑の再開発はどうか。事業者たちに、鎮守の杜に対する崇敬の念は、あるのだろうか。外苑の杜整備完了が予定される2036（令和18）年までに、国民一人ひとりが考えるべき重要な議題だ。

伝統的な社寺の保護は、地球環境保全への一助になることを知っておいてほしい。

未来予想 4 2030年

寺がＬＧＢＴＱにとっての安全地帯になる

平等であるはずの仏教が「差別」

仏教界でにわかに、ＬＧＢＴＱ（性的少数者）をめぐる議論が活発化してきている。嚆矢《こうし》は、２０２０（令和２）年11月に公益財団法人全日本仏教会が実施した公開シンポジウム「〈仏教とＳＤＧｓ〉現代社会における仏教の平等性とは～ＬＧＢＴＱの視点から考える～」だった。ＳＤＧｓの具現化を目指し、企業や自治体のＬＧＢＴＱへの社会的な取り組みを背景にして、保守的な日本仏教界が重い腰を上げた形だ。だが、家墓の承継や戒名など、江戸時代から続く慣習を変えていくのは一筋縄ではいかないのも事実だ。

日本は欧米各国に比べて、ＬＧＢＴＱに対する法整備や社会保障制度が遅れている。同性婚は法律上まだ認められておらず、財産相続をはじめ、さまざまな障壁が立ちはだかっているのが現状である。

「いま」のことだけではない。ＬＧＢＴＱの人への差別は「死後」も続いている。

「人間社会が始まってから、常に同性愛はありました。仏教は性差、社会的地位、制度などにかかわらず、誰もが救いの道が開かれると説いています。しかし、仏教界ではＬＧＢＴＱについて、これまで（タブー視して）公には語ってきませんでした。平等であるべき仏教界の教えと、実際のあり方が違っているのです」

全日本仏教会の理事長（当時）戸松義晴さんはシンポジウムでこう語りかけた。日本仏教の連合組織のトップが仏教界のＬＧＢＴＱ問題について公に言及し、これまでの仏教的慣習を問い直すのは珍しいことだ。

男性なら「居士・信士」、女性なら「大姉・信女」

ここで少し歴史を遡って問題点を整理してみよう。

古代インドで仏教を開いたお釈迦さまは、身分にかかわらず、誰でも悟りの境地に達することができると説いた。お釈迦さまは女性の修行僧も認めていた。そもそも仏教の教えには、性の差別は存在しない。

しかし6世紀、仏教が日本に入ってくると、状況が変わる。土着的な神道と、外来の仏教とが混じり合う（神仏習合）ことが契機になり、性による区別を始める。比叡山や高野山など仏教聖地で女人禁制が敷かれるようになった。

江戸時代に入り、檀家制度が導入されると庶民への弔いが一般化する。そこでは、性の区別がより明確化されていく。

たとえば戒名。戒名（位号）は基本的には男女の違いがある。宗派にもよるが浄土宗の場合、男性なら「居士」「信士」など、女性なら「大姉《だいし》」「信女」などだ。ＬＧＢＴＱを考慮した戒名はない。

檀家制度の下では、「イエ」を単位として、弔いが継承されていく。つまり「先祖供養」である。男系長子が菩提寺の檀家になり、墓や仏壇を継承していく。祭祀の男系長子継承の慣習はいまでも続いている。

近年まで、現場の寺院でＬＧＢＴＱの話題が持ち出されることはまずなかった。ところが近年、ＳＮＳの普及なども相まって、ＬＧＢＴＱの権利が社会で共有され始めると、仏教界にも変化の兆しが表れる。

近年、同性やトランスジェンダー同士の婚姻を承認し、独自の証明書を発行する自治体独自の「パートナーシップ宣誓制度」が広がり始めている。２０１５（平成27）年11月に東京都渋谷区と世田谷区で同時に施行されたことがきっかけだ。京都市や群馬県、茨城県、大阪府などが同制度を取り入れている。

企業などでも、ＬＧＢＴＱへのガイドライン策定が進むなど、理解を深める取り組みが広がりをみせている。

電通グループの調査によれば、ＬＧＢＴＱの割合は８・９％。これは、ほぼ左利きの人口に匹敵する。うち35％がカミングアウト（実名で自分のセクシュアリティを他人に伝えること）しているという。つまり、僧侶や檀信徒の中には一定数ＬＧＢＴＱが存在する。

僧侶兼メイクアップアーティストの告白

仏教界のＬＧＢＴＱへの対応は「待ったなし」といえる。先述のシンポジウムにはＬＧＢＴＱの啓発活動に関わる３人が登壇した。

そのひとり、浄土宗僧侶の西村宏堂《こうどう》さんはメイクアップアーティストとしても国際的に活躍している人物だ。まさに西村さんはＬＧＢＴＱの当事者でもある。

西村さんはシンポジウムで、自分自身のセクシュアリティに苦しみながら修行に入ったことや、修行仲間からLGBTQを蔑《さげす》むような発言を受けたことなどを赤裸々に明かした。

「僧侶の戒《かい》の中には、装飾品や化粧をつけてはいけない、という内容のものもあります。私が僧侶になることで仏教の秩序が崩れるのではないか、と悩みました」

西村さんは修行中、ある高僧に「同性愛者でも（僧侶として）大丈夫でしょうか」「メイクもハイヒールも好きなのですが……」と打ち明けたという。

すると、「同性愛者でも問題ないですよ。教えが正しく伝わるなら、キラキラするものをつけても問題はないでしょう。みんなが平等に救われることのメッセージを伝えていってほしい」と促されたことで、救われたと明かす。西村さんは修行を終えた後は、僧侶兼メイクアップアーティストとして精力的に活動している。

西村さんのように、LGBTQの僧侶は決して少なくない。しかし、多くがカミングアウトできずに「我慢して」きたと思われる。

仏教界は極めて前時代的な文化・習慣が残る世界だ。「男僧・尼僧」という性差をはっきり分けてしまう呼び方や、男僧・尼僧とで儀式のやり方が異なるケースもある。

僧侶だけではない。檀信徒の中にも多くのLGBTQが存在する。近年、各地の寺にLGBTQに関する相談が寄せられてきている。特に、「戒名」は個（故）人のアイデンティティに関わる大事な問題だ。

先の戸松さんは、シンポジウムで戒名問題にも踏み込んだ。

「お坊さんが良い戒名だと思って付けても、ＬＧＢＴＱの当事者はそうは思っていなかったということもあるかもしれない」

たとえば、「戸籍上女性として生まれたけれど、男性として生きてきた。だから戒名は男性につけるものにしてほしい」といったケースだ。だが、この場合、生前に住職や家族にカミングアウトすることが前提となる。

「女性同士の仏前結婚式がしたい」

戒名だけではない。

「ゲイやレズビアンのパートナー同士で墓に入りたい」——。

先述のように日本の慣習では婚姻届を提出した男女の夫婦でなければ、イエを継承できないことが多い。一族の墓に入れるのは、イエを継承した者に限るとする規定を設けている霊園も少なくない。

法的に認められない同性愛の「夫婦」は、夫の一族墓に入ることができないのだ。

理解のある住職であれば、施主の要望に応え、戸籍上の性別とは異なっていても個人の願う戒名を付けてくれたり、パートナーとの墓も認めてくれたりすることだろう。しかし、前時代的な思考に凝り固まった住職が対応した場合、悲劇が起きる可能性がある。

仮に住職が、「戸籍上の性別の戒名を付けるのが当たり前。一族墓には、ゲイ同士は入れないよ」などと答えようものなら、LGBTQの人を苦しめることになりかねない。

それは仏教者としての資質を問われかねない問題にもなると同時に、いま増えている「墓じまい」や「離檀《りだん》」を加速させる要因にもなりうる。

そうした状況の中で、LGBTQを積極的に受け入れる寺院や僧侶も出てきている。東京都の證大寺《しょうだいじ》では、LGBTQカップルが一緒に入れる墓を埼玉と千葉の霊園に整えた。

シンポジウムで西村さんと一緒に登壇した臨済宗妙心寺派の僧侶川上全龍《ぜんりゅう》さんは、副住職（当時）を務める京都の春光院で、LGBTQの結婚式を積極的に受け入れているという。

川上さんが開催する坐禅会の常連だったスペイン人から、「女性同士の仏前結婚式ができないか」と頼まれたことがきっかけ。同寺はホテルグランヴィア京都と提携して、LGBTQのための仏前結婚式のパッケージツアーを用意している。

「お寺では『ウェルカミングアウト（カミングアウトを歓迎する）』という態度が本当に大事に

なってきます。お寺はＬＧＢＴＱにとって安全地帯だということを可視化していくべきです」（川上さん）

先の戸松さんはそれに応えた。

「そうした寺にはレインボーステッカーを貼れるような、具体的な仕組みを広げていきたい」

レインボーステッカーとは、全日本仏教会が作成したもので、寺院の門や掲示板などに貼り、ＬＧＢＴＱの人たちの「アジール（安全地帯）としての寺」を表明するものだ。

「性の多様性だけではなく、すべての人の個性やその人らしさを尊重するという意図を込めたデザイン」（全日本仏教会）

という。

西村さんらＬＧＢＴＱの人が投じた一石の波紋は、今後、大きなうねりとなっていく可能性がある。各寺院がその変化を機敏に察知し、柔軟に対応し、マイノリティの人々のアジールになれるか、否か。そこに仏教の未来がかかっていると言っても過言ではない。

未来予想 5 2035年

人間とペットが一緒に弔われる

ペットとの合葬を願う飼い主たち

ペットの飼育環境は近年、大きく変化した。彼らは、いまや「ファミリー」としての仲間入りをしている。同時にペットの死後をめぐって悩ましい問題が生じている。「ペットは飼い主と一緒に極楽にいけない」という仏教教義上の問題と、「人間と一緒に埋葬できない」という慣習の問題が生じ、飼い主が苦しむケースがでている。

米国では、人間とペットとの合葬《がっそう》は法律で禁止されてきたが、飼い主の悲痛な声を受けて近年、ニューヨーク州などで合葬を解禁するなど、規制緩和の動きが出てきている。

コロナ禍ではペット（犬や猫）を新規で飼育する人が増えたという。一般社団法人ペットフード協会「令和5年 全国犬猫飼育実態調査」によれば、2019（令和元）年と2023

（令和5）年を比較すると、新規飼育者の割合と飼育頭数は増加。増加率も例年と比べて大きくなったという。犬の場合は4万7000頭増（113％）だった。

背景には在宅ワークの増加があると考えられる。在宅ワークで犬猫を世話する時間が確保できるようになり、ペットショップに足を運ぶ機会も増えているという。また、社会不安の中で、ペットに対して癒しを求めていることも増加の要因としてありそうだ。

一方で飼育を始めたはよいが、わずかの期間のみ飼育して放棄してしまうひどい事例も増えている。コロナ禍で経済的に飼育が厳しくなって手放してしまったり、近隣から苦情が出てしまったりするケースもあるという。

ペットはいつの時代も、世相を反映する。この20年ほどの人間社会の変化は、ペットとの関係性を大きく変えてきた。「少子高齢化」や「核家族化」、そして「コロナ禍」などである。

また、住環境の変化もペット飼育に大きな影響を与えている。

核家族化や住環境の変化との関係で言えば、犬、猫の飼育場所の多くが室内になってきている。都心ではマンションへの住み替えが進み、ペットは室内飼育がおおかただ。

前出の調査では犬の場合、室内飼育が2004（平成16）年では60％（2人以上世帯）だったのが、2023（令和5）年調査では90％（室内屋外半々の割合を入れると94％）にまで増加している。

猫では、2004年の室内飼育の割合が72%、2023年では93%（室内屋外半々の割合を入れると98%）。現在、飼い犬や飼い猫の多くが、人間と同居しているのだ。

ちなみに私も1980年代に犬を屋外で飼育していた。恐らくその頃は、大多数が室外飼育であったと思われる。

室内飼育が増えるに伴って、犬や猫の地位は人間と同等、あるいは、それ以上になっていると考えるのは自然である。

死後世界における人間と動物の「住み分け」

つまり現代において、ペットは「人間のよき仲間」からステージを上げ、「ファミリー」になっているのだ。

その結果、「ペットの死後」に変化が起きている。人間並みに業者を呼んで葬式や火葬を執り行い、ペット専用の墓を設けるのが一般的になっているのだ。ペット専用霊園はここ数年でずいぶん増えてきた。

だが、問題が起きている。仏教寺院での供養の場合だ。

「愛犬や愛猫と一緒に墓に入りたい」
という飼い主のニーズは、最近、どこの寺でも増えてきている。
しかし、多くの寺院では、人間とペットの遺骨を一緒に埋葬することを認めていないのが実情だ。

法律論でいえば、ペットとの〝死後の同居〟を禁止する明確な法律はない。しかし、「墓地、埋葬等に関する法律」の第1条が、人骨と合葬する際の障壁となっている。

「墓地、納骨堂又は火葬場の管理及び埋葬等が、国民の宗教的感情に適合し、且つ公衆衛生その他公共の福祉の見地から、支障なく行われることを目的とする」（第1条）

つまり、ペットと一緒に墓に入ることが「国民の宗教感情に適合」しているかどうか、が問題なのだ。宗教感情とは何か、といえば死後世界における人間と動物の「住み分け」のことである。

宗派にもよるが、日本における仏教の死生観の中には「六道輪廻《ろくどうりんね》」というものがある。生前の行いによって、死後世界が決まるという考え方だ。一番上のランクからいえば、神々が住む「天界」、「人間界」、怒りに満ちた「修羅《しゅら》界」、その下に動物の「畜生界」がある。畜生界の下には飢えの世界「餓鬼《がき》界」、そして最悪なのは「地獄界」である。

われわれ人間は信心をもって仏道に帰依《きえ》することで、死後、六道輪廻から脱し（解脱《げだつ》し）、極楽にいく道がひらけている。

だが、動物は生前に仏道に帰依することは難しい。犬や猫は、「南無阿弥陀仏《なむあみだぶつ》」の念仏や「南無妙法蓮華経《なむみょうほうれんげきょう》」の題目を唱えられない。よって、ペットはその死後、いったん人間世界に生まれ変わり、仏道に帰依した上で解脱するという「二段階」を経る必要がある、と説く僧侶は少なくない（ペットが人間と同じように死後、すぐに六道輪廻から脱せられるという学説もあり、議論が分かれている）。

しかし、教理上の理屈をいくら僧侶がこねたところで、飼い主にとっては癒しになるどころか反発しか生まない。ペットが「ファミリー」になったことで、現場の寺院の考え方と飼い主の心情との間に齟齬《そご》が生じているのだ。

数多の宗教は基本的には「死からの救済」を目的としている。その「死」とは、あくまでも「人間の死」のことである。当たり前のことではあるが、人類の長い歴史の中で「ペットのための宗教」は存在してこなかったのだ。

最近では、一族の墓にペットも一緒に納骨できる寺院も現れてきてはいるが、まだ少数派である。

米国で見られるペット埋葬の変化

では海外ではどうか。

意外に思うかもしれないが米国では、日本以上にペットと人間とを一緒に埋葬することが難しいのだ。

米国では日本以上にペット飼育が普及している。67％の世帯が犬もしくは猫を飼っている（日本は22％）とのデータがある。

米国ではペットが死んだ場合、自宅の庭先に埋めるのが主流である。

ペット専用の霊園に埋葬する、という選択肢もあるにはあるが、コストがかかり、庶民にはあまり普及していない。ニューヨーク州には、１８９６（明治29）年につくられた世界最古のペット専用霊園ハーツデール・ペット墓地があり、現在でも運用されているが、あくまでもペット墓の利用は富裕層が中心である。

では、人間の墓にペットを埋葬してもよいかといえば、宗教上および法律上の問題があり、多くの州では禁止されている。

宗教上の理由というのは聖書で、ペットは人間のように霊性がなく、天国に行けることを約束されていないからだ。キリスト教では、人間世界と動物世界とを明確に分けているのだ。この宗教上の理由によって、多くの州法では人間とペットとを一緒に埋葬するのを禁止している。

ところが近年、一部の州で人間とペットとの合葬を認める法律が施行され始めた。人間とペットとの関係性が深まり、一緒にお墓に入りたいという声が高まってきたからだ。世論に動かされる形で2014（平成26）年、ニューヨーク州ではペット墓地に人間の遺骨を一緒の区画に埋葬できる法律が整備された。同様にニュージャージー州、バージニア州、ペンシルベニア州でもペットと人間との合葬が合法になっている。宗教が社会にすり寄り始めたのだ。

米国ではペットの死後、エンバーミング（遺体の防腐処理）を施して遺体を保存し、自分が死んだ時に一緒に火葬、もしくは埋葬するサービスも出現しているという。

仏教はこれまで時代に合わせて、柔軟に変化してきた。日本でもペットが人間の墓に一緒に入れる日は、そう遠くはないと私はみている。

未来予想 6 2030年

生あるものへの弔いが多様化する

ハムスター、ヘビ、金魚……「過剰なペット供養」

猛暑が当たり前になってきたが、夏が終わる頃になると需要が増す葬送サービスがある。昆虫の葬式だ。ひと夏で全うした、小さな命を弔いたいというニーズが高まりをみせ、「昆虫葬」なる業者が出現した。

背景には核家族化や、マンション暮らし世帯が増えたことなどがある。一見、「過剰な弔い」と思える昆虫葬だが、そこには日本人の深淵な供養心がみえてくる。

関東のあるペット葬を請け負う業者の元に、祖父母と孫がカブトムシの死骸《しがい》を持ってやってきた。そして、こう告げた。

「カブトムシを火葬して、お葬式をあげてもらえませんか」

話を聞けば、こういうことだ。

都会に住む孫が夏休み、田舎の祖父母の家で数日暮らすことになった。その間、飼っていたカブトムシが死んで、孫は祖父母にこう懇願したという。

「カブトムシが可哀想だからちゃんとお葬式をしてあげて」

孫には夏場しか会えない。可愛い孫の願いはなるべく叶えてあげたい。そうして、ペット葬業者に連絡してきたのだ。

ペットを飼育していない人から見れば、核家族化・少子高齢化に伴う、過剰なペット供養の一コマにも見えることだろう。現在、ペット葬は犬や猫にとどまらず、あらゆる生き物が対象になっている。

ハムスターなどの小動物、インコや文鳥などの鳥類、カエルやイモリなどの両生類、ヘビやカメなどの爬虫類《はちゅうるい》、金魚やアロワナなどの観賞魚……。現代の日本では、これらの生き物すべての葬式が存在している。

私の知人の寺でもペット葬は人間の葬式以上に盛況で、近年は爬虫類の葬儀が増えているという。

全国各地からカブトムシが持ち込まれる

昆虫の弔いはその最たるもの。こうした、特殊なペット葬のニーズの高まりを受け、専門の葬儀社も出現してきている。

そのひとつ、「愛ペットセレモニー尼崎《あまがさき》」（兵庫県尼崎市）は、2019（令和元）年から昆虫葬のプランを始めた。初年は申し込みが10件ほどであったが、翌2020（令和2）年は40件に増加。さらに2022（令和4）年は120件以上と需要が高まっている。

増加の理由は複数ある。近年、マンション住まいが増えたことは最大の要因だ。つまり、小動物を埋葬する場所（自宅の庭など）がない。かつては、公園の片隅に埋めることも少なくなかったが、いまでは人目が憚《はばか》られ、だからといってゴミに出すことには抵抗があるのだ。

欧米人の場合、小動物のペットが死んだ場合は合理性を優先し、躊躇《ちゅうちょ》なくゴミに出すことが多い。しかし、日本人の死生観は独特だ。誰しも幼い頃、小動物の死に際して「墓」をつくり、手を合わせてきたのではないだろうか。仮にカブトムシやバッタなどの昆虫といえども、その死を無下にできないのが、われわれ日本人なのだ。

コロナ禍で在宅時間が増えた影響で、小動物や観賞魚を飼育する人が増えたという報告もある。昆虫葬は今後、ますます需要を伸ばしそうだ。

さて、同社では昆虫の遺骸を、持ち込みと郵送の両方で受け付けている。

郵送の場合は自身で梱包し、郵送することもできるが、専用の郵送キットもある。その場合はまず、アマゾンやYahoo！ショッピングで「昆虫葬　郵送キットPLUS」を購入する。キットには返送用の箱や防虫剤、乾燥剤、クッション剤などが入っている。昆虫の遺骸を納めてポストに投函すると、同社の花壇に据え付けられた「昆虫天国」と呼ばれる昆虫専用の合祀墓に納められる。

郵送キットPLUSの場合、厚さ2・2センチ以下の昆虫（クワガタなど）であれば郵送料と埋葬、供養料込みで4950円。さらにサイズの大きい昆虫や、複数の昆虫を供養してほしい場合は、7150円～となっている。

対象の昆虫は絶滅危惧種以外であれば大体は受け付けている。ほとんどは、カブトムシかクワガタだ。中には、ヘラクレスオオカブトなど全長20センチ近くにもなる外来の昆虫も、全国各地から持ち込まれるという。

むろん昆虫には骨格がないので、同社では火葬はしない。「墓」のカロートの底は土壌になっていて、自然に分解される仕組みだ。昆虫の墓前では月に一度、同社と協力関係にある僧侶が回向《えこう》してくれるという。

運営会社のアビーコムの担当者は、

「子どもが接する最初の命は昆虫が多い。飼育しても、いずれ死んでしまうが、その時に親がどう対応するかが情操教育の上で大切。昆虫葬を通じてぜひ、供養の心を学んでほしいと考え、この事業を始めた」

と話す。


愛ペットセレモニー尼崎の他にも、ネットで検索をかければ昆虫葬を手がける複数の業者がヒットする。首都圏で展開する別の業者の場合、

「タランチュラ等のクモも独特の美しさから観賞用や、可愛さからペットとされる方が増えており、さまざまなご相談を承っております」

とし、費用は同社が手がける最安値の「ハムスター・小鳥・リスの引き取り合同埋葬プラン」と同等の価格設定で1万円となっている。

また、深大寺動物霊園（東京都調布市）では毎週水曜日と日曜日に、予約制で昆虫葬を受け付けている。対象は高校生までの子どものみだ。

深大寺動物霊園では桐の棺に虫の遺骸を入れて、葬儀をした上で、翌日に火葬している。同霊園では、

「昆虫葬は『命の尊さ』をお子様に知っていただくための社会貢献活動として位置付けているので、費用は頂きません」（ホームページより）

としている。深大寺動物霊園は開園が1962（昭和37）年の、ペット葬業界ではパイオニア的存在だ。

虫塚建立に向けた養老孟司氏の想い

そもそも、昆虫葬の歴史は古い。それが、虫塚と呼ばれる供養塔として各地に残っている。

虫塚の源流を辿れば、9世紀の「古語拾遺《こごしゅうい》」の記述がある。古語拾遺には害虫によって稲に被害が及んだので、男茎《おはせ》型のものを建てて害虫駆除したことが記されている。

現存する虫塚で最古のものは、東京都八王子市の臨済宗南禅寺派の廣園寺《こうおんじ》境内にあるものだ。廣園寺は1389（康応元）年に開基した古刹である。虫塚は創建当時に建てられたと伝えられている。

虫塚は金属製の柵で保護されており、高さ90㎝ほど。下部3分の1ほどが太くなったつく

りで、まるでロケットのような形状をしている。

14世紀末のこと。田畑の収穫時期になると大量の虫がつき、生育の妨げになっていたという。村人たちはそれを憂い、なんとか被害を抑えたいと廣園寺住職に祈禱を頼んだ。

住職が、

「それは難儀。悪い虫を退治しよう」

と祈禱を始めると、害虫はことごとく死に絶えたという。しかし、害虫とて生きとし生ける存在。村人は後生《ごしょう》を弔うために死骸を集めて廣園寺境内に埋葬した。そして、再び虫による被害がでないようにと石塚をつくって祈願したのだ。

また、ハチミツをつくるミツバチの虫塚（ミツバチへの感謝の碑）は各地にある。埼玉県深谷市の埼玉県農林公園にある「蜜蜂をたたえる碑」などに見ることができる。

この感謝碑は埼玉県養蜂協会によって同会の創立50周年を記念して建てられたものだ。石碑には、「蜜蜂は生命を育む」という題字とともに、こう書かれている。

《蜂蜜は人類の歴史とともに歩んできました　山野の花木　草原の花　園芸農作物等の花これらの花粉交配と共に　花蜜を集め蜂蜜を造り人類の繁栄に多大なる貢献をしてきております　蜜蜂のもつ勤勉・団結・貯蓄の精神こそ私達の鑑とするところであります》

ミツバチ塚は福島県会津若松市や千葉県館山市、神奈川県厚木市、岐阜市、和歌山県海南市などでも見られる。

近年のユニークな虫塚の例としては、解剖学者の養老孟司《たけし》氏が2015（平成27）年に鎌倉の建長寺に建立した虫塚がある。これは日本一、洗練された虫塚かもしれない。設計は、建築家の隈研吾《くまけんご》氏である。

虫塚はゾウムシを模《かたど》った石像を中心に置き、周囲を金属製の虫かごが取り巻くモダンな意《い》匠《しょう》。金属部分には粘土が吹き付けられていて、時の経過とともに苔が生《む》していくという演出が施されている。

養老氏は虫塚建立記念法要の挨拶文でこのように述べている。

《長年虫を標本にしてきましたので、その供養が第一です。解剖学教室に奉職している間も、毎年解剖体慰霊祭に参加してきましたので、慰霊の癖がついたのかもしれません。虫に霊や心があるかというご意見もあるかと思いますが、睡眠に関する遺伝子が見つかっているので、意識はあるのではないかと思います》

翻って、人間の弔いは簡素になるばかり。弔いの「原点」を、いつまでも大事にしたいものだ。

未来予想

7

2040年

多死社会で「骨葬」が増える

被災地の遺族が「早期の火葬」を希望したワケ

コロナ禍では、葬式が満足に執り行えないなか「骨葬《こつそう》」と呼ばれる葬送が広がりをみせた。骨葬とは遺体を火葬して、焼骨にした上で葬式をすること。

骨葬は「葬儀」と「火葬」とが逆転するため、忌み嫌う地域もあるが、コロナに感染して亡くなった方や、孤独死の増加などを背景にして骨葬のメリットが再評価されつつある。特に多死社会においては合理的な葬送法であり、今後、さらに広がりをみせる可能性がある。

タレントの志村けんさんが2020（令和2）年3月、新型コロナウイルスに罹患して亡くなったのは衝撃的だった。志村さんの遺体は病院から火葬場へと直行し、遺骨となって東京都東村山市の実家に戻った。その時、志村さんの兄は報道陣の前で、

「本当は盛大に送ってあげたかったのに、こんなことになって悔しい」と語った。その後、近親者だけで葬式が実施された。

２０２０年4月に亡くなった女優の岡江久美子さんも同様で、遺骨になって自宅に戻った後、家族によって弔いが行われた。コロナ死における葬式は骨葬が多かった。

骨葬は一見、イレギュラーな弔いのように思える。仏式の葬式における、一般的な流れはこうだ。

医師から死亡宣告を受けた後、遺体安置場所に僧侶がやってきて枕経《まくらぎょう》を唱える。その後、納棺を済ませて通夜を実施し、その翌日に葬儀・告別式を行う。告別式の後に出棺となり、火葬場で遺骨となって自宅へと戻る。

つまり、火葬は一連の儀式が済んだ最終段階という位置づけだ。だから、順序が逆になることで、タブーを犯したと感じる人もいるのだ。遺族にとっては遺骨になって初めて、「葬式の終了」が告げられ、けじめがつけられるということだろう。

こうした日本人の火葬に対する強いこだわりが如実に表れたのが、２０１１（平成23）年3月11日の東日本大震災であった。大震災では関連死も含めるとおよそ2万人もの方が亡くなった。

被災地の火葬場は地震による停電と、大量の遺体が搬送されてきたことで限界に達した。そのため、2000体近くの遺体が関東や北海道の火葬場で荼毘《だび》に付された。最西では岐阜県の火葬場にまで運ばれたケースもあった。

最も多くの犠牲者を出した宮城県では遺体の他県への運搬も滞り、一部がサッカー場や寺の敷地などに仮埋葬されることになった。

だが、地元の人々にとっては、あくまでも仮埋葬(一部の身元不明遺体はそのまま「土葬」されたようだ)としての位置づけであった。地域の火葬場が機能を取り戻すと、2011年のうちに遺体を掘り起こして、火葬した。

土中から掘り出された棺桶は土の重みで崩れ、遺体が泥にまみれ腐敗もかなり進んでいたが、被災地の遺族はそれでも早期の火葬にこだわったのだ。仮埋葬された後に掘り起こして火葬された遺体は、宮城県内だけで2000体を超える。日本人の「火葬をもって葬式の終結とする」意識を強く感じた次第である。

4人に1人が孤独死に怯える時代に

ところが近年、状況が変わってきている。先述のコロナ感染死のケースだけではなく、多くの人々が骨葬にせざるを得ない状況が生まれつつあるからだ。特に「孤独死」による骨葬が増えている。

警察庁がとりまとめた孤独死の調査によると、2024（令和6）年1〜3月の間に、自宅で死亡した独り暮らしの人の数は全国で2万1716人（暫定値）に及ぶという。うち、65歳以上の高齢者は1万7034人（全体の約78％）に上る。単純計算では、年に9万人弱（うち高齢者は7万人弱）が「孤独死」していることになる。

孤独死（孤立死）とは、「誰にも看取《みと》られることなく息を引き取り、その後、相当期間放置されるような、悲惨な事例」（内閣府）をいうが、明確な定義はない。これまで、孤独死に関する調査も実施されていなかった。

今回の警察庁による調査結果は、家族や賃貸マンションなどの貸主あるいは医師などによって、警察への「通報」がなされたものである。この数字には死後かなりの時間が経過した遺体や、自殺・他殺体などが含まれていることが推測できる。その現場を想像するに余りある。

では、「孤独死予備軍」はいったい、どれほどいるのか。内閣府の「高齢社会白書」（令和

5年版）によれば現在、65歳以上の一人暮らしは７００万人を超えているとみられる。この数字はうなぎ上りに増え、２０４０（令和22）年には９００万人近くまで達すると試算されている。１９８０年時点では88万人ほどであったので、半世紀で10倍ほどのペースで増えてきていることになる。

２０２１（令和３）年時点において、高齢者がいる世帯数は、日本の全５１９１万世帯のうち２５８１万世帯（49・７％）。このうちの60・８％が「単独世帯」または「夫婦のみの世帯」で、両者を合わせた２３９３万人という人口が、まさに孤独死予備軍である。

これに、高齢者単独世帯の伸び率予測（２０２０年における独り暮らし高齢者数６７２万人に対し、２０４０年の内閣府予測は８９６万人、33・３％増）を重ね合わせると、２０４０年における孤独死予備軍は３０００万人を超えると推測することが可能だ。

２０４０年時点での人口予測は１億１１００万人ほどだから、４人に１人が孤独死に怯えることになる。孤独死と無縁の家族のほうが、むしろ少数派になってしまうかもしれない。

一般社団法人日本少額短期保険協会孤独死対策委員会が２０２０（令和２）年に実施した調査では、孤独死の発見平均日数は17日だ。

こうした孤独死体は普通の葬式はできず、骨葬になることが多い。

内閣府が実施した2018年の調査では、「孤独死を身近な問題と感じるものの割合」は、60歳以上の一人暮らし世帯で50％以上が「とても感じる」「まあ感じる」と答えている。大都市圏では葬送の簡素化もあいまって、今後、葬儀社が「骨葬プラン」として広く提供しだすことも十分、考えられる。

コスパ時代に見合った「骨葬」

骨葬のメリットは確かにある。

ひとつは、火葬場の予約が比較的取りやすくなることである。

首都圏では多死社会を背景にした火葬場の混雑が社会問題化している。その原因は多くの葬式が午前中に実施されるため、お昼前後に火葬が集中するからである。死者が増える冬場、横浜市などではお昼前後の火葬を希望すれば1週間待ちもざらだ。

それが朝一番や夕刻の時間帯であれば、比較的、火葬炉が空いていることが多い。

先に遺骨にしておけば、遺体の腐敗を心配せず、ゆっくり葬式の準備ができる。

また、遺体安置施設利用やドライアイス、エンバーミングなどにかかるコストも減る。

さらに、東京の病院で亡くなって、故郷の菩提寺で葬式を挙げたいという場合や、海外で亡くなって日本で葬式をしたい場合などでも遺骨の移動は簡単だ。棺桶の長距離移送となれば、莫大なコストがかかる。

葬式の場所も自由度が増す。自宅での葬式はもちろん、ホテルやレストラン、あるいは野外でも可能になる。

高級シティホテルでは生身の遺体での葬式はNGだが、骨壺に入った状態であれば葬式（お別れの会）をしてもかまわないとする葬送のプランもすでにある。つまり、遺骨にしておけば、必ずしも葬儀会館で葬式をする必要がなくなるのだ。

漁師町、企業の社葬は、骨葬が基本

もちろん、遺族心情の問題が残る。先述のように「死亡後数日をかけて最後のお別れをしたい」という遺族は、骨葬に抵抗をもつかもしれない。

しかし、骨葬は必ずしも「タブーの葬送」ではないことを知ってもらいたい。北海道の函館や東北沿岸部、信州や北関東、九州の一部などでは明治中期から骨葬が実施され、それが当たり前の葬式になっている。

それは、職業が影響していることが多い。沿岸部などの漁師町では、漁のシーズンになれば船団を組織して海に出る。そこに突発的に葬式が発生すると船が出せなくなり、村の経済を揺るがす事態になってしまう。

また、古くから養蚕《ようさん》が盛んであった長野県などでは、養蚕業は衰退したものの骨葬の風習はいまでもしっかりと残っている。

人が死んだのち、蚕をほったらかしにして葬儀の支度をしていては、蚕を死なせてしまう。そのため、先に遺体を「骨」にして蚕の世話と同時並行しながらゆっくりと葬式支度をする。とても合理的な考えに基づくものであり、全国の農漁村で骨葬が残る地域は少なくない。

さらに、かつて企業で実施されていた社葬は骨葬が基本。大勢の従業員やステークホルダーが参列できるよい時期をみて、大勢で送るのが社葬である。

多死社会や核家族化による孤独死問題で、従前の葬式が大きく変わる局面にある。骨葬への「慣れ」が広がれば、むしろそれがスタンダードな葬式として取って代わることも十分考えられる。

未来予想
8
2040年

「一族の墓」から「みんなの墓」に

3人に1人が未婚の時代に起きる「墓問題」

単身女性、いわゆる「おひとりさま」の墓問題が深刻である。

単身女性は代々続く墓を継承しづらい、という慣習がある。個人向け永代供養墓や海洋散骨など、おひとりさまに便利な葬送はあるが、生前に準備しておく必要があったり、コスト面での不安が生じたりすることもある。死後、単身女性の安住の地はどこに求めればよいのか。おひとりさまの死後の環境は、まだまだ整っていないのが実情だ。

婚姻件数は激減を続けており、2023(令和5)年は約47万組(推定)で戦後最少を更新した。生涯未婚率(50歳まで一度も結婚したことのない人の割合)は男性が28・3%、女性が17・9%(2020年国勢調査)と、こちらも右肩上がりに増加している。2040(令和22)

年頃には生涯未婚率は男性が30％以上、女性が20％以上になる勢いだ。

生涯未婚率は男性のほうが女性より10ポイントほど多いが、墓問題は女性がより深刻である。なぜなら、単身女性が墓の継承者になるケースが、あまり見られないからだ。

私の寺では檀家が100軒（家）ほどある。単身女性の墓所継承を阻むような規定は設けていないが、おひとりさま女性が墓所の継承者になっているケースは1つもない。親族間での合意ができていれば単身女性が墓所を継承することは可能だが、実際にはそうはなっていないのだ。

民法では第897条にこう規定されている。

第897条（祭祀に関する権利の承継）
系譜、祭具及び墳墓の所有権は、前条の規定にかかわらず、慣習に従って祖先の祭祀を主宰すべき者が承継する。ただし、被相続人の指定に従って祖先の祭祀を主宰すべき者があるときは、その者が承継する。

「慣習に従って祖先の祭祀を主宰すべき者が継承する」という点がポイントである。慣習とは、地域における葬送文化や、先祖から受け継がれてきた伝統のことである。

つまり、祭祀継承に関しては、現在にいたるまで、事実上「長男が慣習に従って相続してきている」のである。実態としては戦前の祭祀継承のかたちと、なんら変わらないのである。

「義理の姉と同じ墓はイヤ」

祭祀継承権を得た長男やその妻や子は、一族の墓に入ることができる。同時に、墓の管理費や法事にかかる費用などを負担することにもなる。

法律上、墓や仏壇は、婚姻の有無は関係なくきょうだいの誰でも継承できることになっているにもかかわらず、そうはなっていない。あるいは叔父や叔母、甥や姪、もっといえば、血のつながっていない知人関係でも一族の墓を継承することが、可能であるはずなのに。

しかも、単身女性は祭祀継承者になりにくいのに、単身男性の場合はなぜか一族の墓に入れるケースが多い。

いくつか具体的な事例を紹介しよう。あくまでも架空のケースであるが、類似のケースは私の周りでもしょっちゅうみられる。

両親を亡くした姉・山田A子さん（独身）と、弟・山田B夫（結婚して妻C美さんと子がいる）さんら親族がいた。

もちろんA子さんが山田家の墓を継承し、自身もその墓に入ることは可能である。だが、永続的に山田家の墓を護持していくには子がいるB夫さんのほうが都合がよい。必然的に山田家の墓の継承者はB夫さんになり、B夫さんの死後はその妻や子、孫へと引き継がれていく。

この時、A子さんとC美さん、あるいはA子さんからみて甥や姪との関係性が良好であれば、独身のA子さんは山田家の墓に入ることも可能だ。

しかし、C美さんからみれば義理の姉で、血のつながりのないA子さんとは同じ墓に入りたくないという。結果的に、A子さんのほうが遠慮し、独自に永代供養墓を探すことになった。

墓の継承を決定づける「きょうだい仲」

また、次のような例もよくあるケースだ。

鈴木D蔵さんには、2女1男（長女E子さん＝結婚して子がふたり、二女F子さん＝バツイチで息子がひとり、長男G男さん＝結婚して子がひとり）がいる。この場合もやはり、G男さんが墓を継承することが多い。まず、E子さんのような立場の人は鈴木家の墓は継承しないのがほとんどだ。夫の家の墓に入るからだ。

F子さんには元夫がいるが、元夫に後妻がいない限りは、元夫のほうの一族墓をF子さんの息子が面倒をみなければならない、などのややこしいことが起こりうる。

結局はシンプルに墓地継承を考えた場合、G男さんが継承するのが最も現実的、ということになる。

墓問題は、男の目線では気づきにくいが、多くの女性にとっては心配事だ。これは、日本中のありふれた問題なのだ。その根底には、江戸時代から継承されてきた檀家制度、血統を守ろうとする潜在的意識、ムラ社会の慣習、女性への差別的な見方などがある。


そうした中で、おひとりさま専用の永代供養個人墓の需要が伸びている。いま流行りの樹木葬などは、おひとりさまで入れるものが多い。

こうした永代供養墓は（墓地管理者の規定にもよるが）生前に予約購入をしておくことで、本人の死後、たとえば23回忌とか33回忌の節目まではそこで供養してくれることが多い。契約期間が過ぎれば、合祀（不特定多数の遺骨を一緒に祀る墓に移動）される。

お墓に入りにくいおひとりさまの受け皿として、海洋散骨も人気である。現在、海洋散骨は全埋葬数のうち1％ほどを占め、将来的には2％ほどまで伸びていくと推定されている。おひとりさまの増加が背景にあると考えられる。

しかし、本来は、単身女性は一族の墓に入るのがベストである。そうすることでコストも抑えられるし、長い期間、供養を続けることができる。また、男女を問わず単身者は堂々と墓の継承者になるべきである。墓や法事にかかるコストは親族で分担し、親族全体で墓を護持していくのが理想的だ。

現代の墓問題は多くが、「イエの墓」という古い概念と、きょうだいや親族仲に起因する。むしろ、後者の関係性が良好であれば、すべてが解決する問題でもある。

先祖代々、受け継がれてきた墓ではあるが、直系傍系に関係なく、また、血縁のない知人・縁者も入れてあげるくらいの寛容さが、寺にも墓地継承者にもほしいと思う。

未来予想 9 2050年 ムスリム用土葬墓地が各県にできる

ムスリムの土葬墓を巡る混乱

九州のある町で、ムスリム（イスラム教徒）の土葬墓地設置を巡って混乱が続いている。

在日ムスリムにとって、土葬墓地の整備は切実な問題だ。だが、地元住民から「地下水が汚染される」「農作物への風評被害が起きる」などと反発の声が上がり、計画は暗礁《あんしょう》に乗り上げた。

土葬墓地の整備について、国や行政の腰は重い。そんななかでムスリムの「救世主」になっているのが、宗教の異なる仏教寺院やキリスト教教会だ。

土葬墓地の候補に挙がっているのは大分県日出町《ひじまち》。国東《くにさき》半島の南端部に位置し、別府市にも隣接する風光明媚な立地である。土葬墓地整備の話が持ち上がったのが２０１８（平成30）

年。宗教法人別府ムスリム協会（カーン・ムハマド・タヒル・アバス代表、立命館アジア太平洋大学教授）が、大分県日出町の山中に土葬墓用地約８０００平方メートルを取得したことに始まる。

聖典コーランでは「死後の復活」が約束されている。復活のためには肉体が必要となる。そのため、ムスリムの埋葬は、絶対的に土葬なのだ。キリスト教も同様に、死後の復活が約束されており、原則的には土葬でなければならない。

だが、キリスト教の場合、近年はプロテスタントを中心に火葬を容認する傾向にある。欧米の教会ではコロナ禍によって、衛生に対する意識が高まり、火葬するキリスト教信者の割合が増えてきている。

それに対して、日本人の多くが信仰する仏教の葬送は、火葬だ。これは、古代インドでお釈迦さまがその死後、火葬されたことに依拠している。現在、日本の火葬率は世界一高い99・9％。そこには宗教上の理由がある。

一方で日本人の、もうひとつの宗教である神道の葬送法は土葬だ。江戸時代までの日本は神仏混淆状態で葬送も火葬と土葬が混在していたが、明治維新時の神仏分離令によって完全土葬に切り替わった。たとえば、都立青山霊園や雑司《ぞうし》ヶ谷《や》霊園、谷中《やなか》霊園などは神葬祭《しんそうさい》の土葬墓地として整備された経緯がある。

しかし、土葬墓用地の不足や衛生上の問題が生じ、すぐに火葬が容認された。そして、各地に火葬場が建立された結果、日本は火葬大国になったのだ。

そうした流れの中で、土葬はどんどん消滅していった。現在、伝統的な土葬習俗が残るのは滋賀や奈良、京都南部、三重など関西を中心にごくわずか（年間数体とみられる）。特殊な例として、死胎（水子）を土葬する地域がある。

その他の土葬は、「日本在住のムスリムが亡くなった場合」である。たとえば日本人と外国人のムスリムが国際結婚をし、日本で暮らして亡くなるケース。また、外国人技能実習生や、留学生が国内で病気や事故などで亡くなる場合。さらに日本で死産したケースなど、さまざまである。

カトリック教会が墓不足の救世主に

現在、日本に在住する外国人ムスリムは18万人以上、日本人ムスリムが4万人以上といわれている。国別ではインドネシア、バングラデシュ、マレーシア、イラン、トルコ、エジプトなどさまざまだ。日本におけるムスリム人口は、過去10年で2倍になったとの推計もある。

仮に同じペースで増え続けるとすると、２０４０（令和22）年には、日本のムスリム人口が70万人ほどになる。

大分県でもムスリムが増加傾向にある。技能実習生の受け入れ先は農業、漁業関連のほか、自動車やアパレルの工場など。ムスリムは貴重な労働力になっており、地域経済を支えている。

また大分県には、学生・教員ともに半数が外国籍という立命館アジア太平洋大学（ＡＰＵ）がある。大学関係だけでも数百人のムスリムがいるといわれる。

ところが、死後の受け皿がまったく整っていない。現在、わが国におけるムスリムが埋葬できる土葬墓地は北海道、茨城県や埼玉県、山梨県など東日本に7か所、西日本では京都府と和歌山県、兵庫県、広島県に4か所あるだけだ。九州にはひとつもない。

そのため、九州や四国在住のムスリムが亡くなった場合は、何百キロも離れた埋葬地（あるいは本国）へ遺体を運搬する必要がでてくる。その費用は数百万円単位になり、その後の墓参にかかる旅費などもバカにならない。墓の問題を抱える日本で、ムスリムは安心して死ねないのだ。

そんな状況に救いの手を差し伸べたのが、カトリック別府教会だった。地元ムスリムに対し、好意で土葬墓地を提供してきた。

先述のようにキリスト教、とりわけカトリックは原則的には土葬である。そこで、別府教会が所有する神父用の土葬墓地や、大分トラピスト修道院の土葬墓地の一画を提供した。しかし、その区画数はわずか。あくまでも急場凌ぎであり、すぐに埋まってしまうことが予想された。

そこで、別府ムスリム協会はムスリム専用の土葬墓用地の整備を決意。日出町の民有地を購入したのが２０１８（平成30）年のことだった。そこでは１００区画ほどの整備を予定していた。

反対する住民、二転三転する候補地

同時に、住民説明会も繰り返し開かれた。ちなみに土葬は墓地埋葬法では禁止されていない。地元の条例にも適合しているため、町長の許可があれば土葬墓地設置が可能になる。

しかし、地元住民らが反発した。町長や町議会に対して土葬墓地反対の陳情書を提出。反対の理由は①飲料水を湧水で賄っているので、水質汚染が心配　②米、肉、野菜、卵など地元農作物への風評被害につながる　③土葬墓地の少ない西日本全域から墓地を求めて多くのムスリムがやってくることになり、土葬墓地がどんどん増設されていくのではないか――などだった。

それに対して、ムスリム協会側は反論した。水質汚染に関しては、土葬墓地予定地から水源地まで２㎞も離れている。また、ほかの地域の土葬墓地周辺では水質の問題が起きた事例はない。風評被害についても、墓地予定地の隣接地にはトラピスト修道院の土葬墓地があって、これまで風評被害は出たことがない。墓地開設後の埋葬者も年間２～３人程度と見込んでいる――などと主張した。

日出町議会は住民の反対の陳情書に対し、賛成多数で採択。そこで、折衷案として土葬墓地候補地を別の場所の町有地に移した。住民の事前協議も終え、いよいよ正式に申請すれば町が許可を出し、土葬墓地整備に取り掛かれるとみられていた。

しかし、今度は新候補地に隣接する杵築《きつき》市の住民が怒り出した。「寝耳に水」として、反対の陳述書を市に提出する。そして議会が採択し､事態は完全に膠着《こうちやく》状態になった。候補地のたらい回しの様相を呈してきた。

本来､信仰に基づく墓地の整備は､技能実習生らを受け入れている地域や行政の責任だ。現状では、ムスリムの人権や、信教の自由が侵害されている状態だ。大分だけではない。日本は将来的には外国人労働者に頼らざるを得ない状況になる。「ゆりかごから墓場まで」整備して迎えることは、人道上当然だと思う。

「郷に入れば郷に従え」と主張する人もいるが、あまりに不寛容だ。

そんな中、ムスリム墓地の整備に理解を示し、奮闘しているのが曹洞宗善隆寺《ぜんりゅうじ》の住職、自《じ》覚《かく》大道《だいどう》さんだ。自覚さんは曹洞宗の国際的ボランティア団体（シャンティ国際ボランティア会）の元職員で、ムスリムと一緒に活動した経験をもつ理解者だ。「多文化共生」を提唱し、自坊でイスラム教講座を開いたこともあるほどだ。

「ムスリムは善良な人ばかり。仏教界を含め、多くの日本人に彼らのことを知ってもらいたいと思いました。しかし、特に地方都市のムラ社会の中では、なかなか理解が深まらないのが現状です」（自覚さん）

自覚さんは２０２１（令和３）年６月、別府ムスリム協会のアバス代表や大分トラピスト修道院の院長らと厚生労働省を訪れて、信仰に基づいた埋葬が可能な「多文化共生公営墓地」の設置を求めた陳情書を提出する。土葬墓地を各都道府県に設置したり、既存の公営墓地内に土葬エリアを設けたりするなどの措置を求めた。

いまこそ、宗教の垣根を超えた相互理解を

大分県だけではなく、日本各地では土葬に対するアレルギーは強い。水質汚染や風評被害の心配が解消されたとしても、土葬という生々しい埋葬法が、火葬大国の日本では心理的に受け入れ難いものになっているのだ。火葬場の新設が困難であるのと似ている。

自覚さんだけではなく、各地のムスリムの土葬墓地の整備を主導しているのは仏教寺院である。

山梨県甲州市塩山《えんざん》にある「イスラム霊園」は、曹洞宗の文殊院《もんじゅいん》という寺院境内にある。先代住職がムスリムに理解があり、半世紀前にムスリム専用墓地を整備した。

また、2022（令和4）年に入って土葬のエリアを設けたのが、京都市南山城村《みなみやましろ》の高麗寺だ。高麗寺は山間部に5万坪の敷地を有する禅宗寺院だ。その一角に土葬墓地がある。ムスリム以外にもキリスト教徒や儒教など、土葬率の高い宗教も受け入れている。同一区画に同一宗教の人のみを埋葬している。

奈良県や三重県にも近いこの地域の埋葬法といえば、15年ほど前までは土葬がほぼすべてだった。そのため土葬墓地整備に関しても、地域の理解が得られやすかったという。

土葬墓地の設置を巡って紆余曲折がある中、宗教を超えてキリスト教、仏教が連携しムスリムの人を助けようとする精神に、救われた気がした。

第2章

寺院の現状と課題

未来予想 10 2060年

日本の寺が4万2000か寺に激減する

学校やコンビニより多い寺院数

「寺院消滅」が止まらない。悉皆《しっかい》データは存在しないが、現在、全国に約7万7000ある寺院のうち、住職のいない無住寺院（空き寺、兼務寺院）は約1万7000か寺に上ると推定できる。まずは、「寺院消滅」の現実から論じていく。

コンビニ、郵便局、学校（小中高校の合計）、歯科医院、寺院、神社。

これらは全国津々浦々、ほぼ、どの地域でも見つけることができる施設だ。では、それぞれ、どれほどの数があるのか。都会人なら「コンビニか歯科医院が多い」との印象を持つかもしれないし、村落に居住の人ならば「コンビニはないけれど寺院や神社ならある」と言うかもしれない。

少ない順に並べてみよう。最少は郵便局で約2万4000局。次いで学校は約3万5000校。コンビニは約5万7000店だ。歯科医院は約6万9000院である。意外かもしれないが、寺院は約7万7000か寺で神社は約8万1000社もある。16万近い伝統的宗教施設が日本のあちこちに点在しているのである。

ちなみに全国の市町村で寺がないのは、岐阜県東白川村だけ。理由は明治維新時の廃仏毀釈で寺がすべて壊され、再興していないためである。

どこにでも存在する寺院や神社は、学校や郵便局、病院などと並ぶ「社会インフラ」あるいは「ソーシャルキャピタル（社会関係資本）」と位置付けることができる。寺を「死に関するケア空間」ととらえれば、電気やガス、福祉、介護などの「ユニバーサルサービス」の概念にも近い。

全体の2割が空き寺、正住寺院の3割が「空き寺予備軍」

しかし、少子高齢化に加えて、地方から都市への人口の流出が進むと、寺院を取り巻く環境が厳しくなってきた。地域から人がいなくなれば、檀家で支えられている寺院は経営破綻する。いや、地域が完全消滅するよりもっと先に、寺院は消えてなくなる運命なのだ。

たとえば日本最大の宗派、曹洞宗は約1万4600か寺を抱える大教団だ。だが、既に全体の約25％にあたる約3600か寺が空き寺になっていると推測される。

私の所属宗派である浄土宗は全国に約7000か寺を抱えるが、全体の21％程度（約1470か寺）が空き寺である。

空き寺の数は今後、うなぎ上りに増えていくであろう。なぜなら、寺院の後継者不足が深刻だからだ。曹洞宗に続いて国内で2番目の規模、約1万200か寺を擁する浄土真宗本願寺派は2021（令和3）年の宗勢調査で、「後継者が決まっている」と回答した割合が44％にとどまっている。浄土宗で後継者がいる割合は52％、日蓮宗では55％である。その他の宗派も同水準であると考えてよいだろう。

つまり、このまま後継者が見つからなければ、その寺は無住になることを意味する。仮に現在、正住寺院（住職がいる寺院、推定約6万か寺）の3割が「空き寺予備軍」とするならば、現在の住職の代替わりが完了する2060（令和42）年頃には住職のいる寺院は、約4万2000か寺ほどに激減してしまうことになる。

わが国の人口動態と寺院密度を対比させることによっても、この数字はかなり現実的なものとしてみえてくる。「人口10万人あたりの寺院密度」を計算してみた。

2060年には、日本の人口は8600万人ほどにまで減少するとの推計がある。現在の人口10万人（総人口約1億2400万人）に対する正住寺院数（約6万か寺）は、48か寺である。この割合を、現在のわが国における寺院の「適正数」としてみる。

その上で、先述のように「2060年に4万2000か寺」と設定した場合、人口10万人あたりの寺院数は49か寺となる。現在と36年後とを比べてみても、社会の大変革が起きない限り、寺院密度は同水準で推移すると考えるのが自然だ。つまり、「2060（令和42）年に4万2000か寺」は現実的な数字としてみえてくる。

地方の寺院から離檀させない仕組みづくり

こうした厳しい現実に、仏教界は対処できずにいる。

寺院消滅の流れに抗うことは難しい。だが、一縷《いちる》の望みを託すならば、寺院同士が提携し、寺院の富を再配分することで助けられる地方寺院があるかもしれない。たとえば、都市型の裕福な寺院が、地方の寺院と提携することである。都会と地方の寺のメリットとデメリットをそれぞれ補完し合う仕組みづくりを急ぐべきだ。

たとえば、青森から東京へと移り住んだ檀家の場合。青森の菩提寺に墓を残しながら、東京の提携寺院に分骨する（その逆もあり）のだ。つまり、故郷の寺に先祖の遺骨を残したままにして、故郷と縁を切らない仕組みをつくるのである。

そのことで、墓じまいのコストを抑えることができ、また、自分たちの暮らす東京で法事を営むことができる。そのうえで提携寺院に入る葬儀や法事の布施の一定額を、青森の菩提寺に配分する。菩提寺、提携寺院、檀家の三方にとってメリットがある。大事なのは、地方の寺院から離檀させない仕組みをつくることだ。

この仕組みは、既に実証済みだ。東京都四谷にある曹洞宗の東長寺《とうちょうじ》が宮城や佐賀などの寺との「共同信徒」という形で取り入れて、効果をあげている。

住職は副業しないと食べていけない

将来的には「兼業住職」の割合が増えていくだろう。

檀家数の減少に比例して、寺院収入は減少する。布施の金額は地域の相場感によって違いがあるが、寺が専業で食べていける檀家数は少なくとも200軒以上である。それ以下は住職が副業を持たないと、生活や後継者選びが厳しくなる。

足りなくなった寺院収入を補うためには、住職が兼業を余儀なくされる。つまり、平日は企業などで働き、休日は自坊で法務を行う「二刀流」だ。

現状はどうか。浄土宗（２０１７年調査）では全体の57％が「専業住職」だ。「以前に兼業していた」は22％、「現在も兼業している」は20％となっている。専業率が低い（兼業率が高い）教区では、出雲が33％、滋賀が35％、伊賀が35％、尾張が40％などとなっている。

この中で滋賀県は人口10万人あたりの寺院密度が、日本一の寺院過密地域として知られる。滋賀県内の寺では檀家数が20軒や30軒といった零細寺院が少なくない。それだけを見れば「食べていけない」寺院が多いように思えるが、必ずしもそうではない。データが示すように多くの住職が「兼業」しているため、主たる収入がサラリーマン給与だからだ。

滋賀県は、京都や大阪といった大都市が通勤圏内である。寺に住みながら、正社員として働きに出ることが可能である。滋賀県の寺院立地は、むしろ恵まれているといえる。

人手不足の時代にあって、地方都市でも住職をしながら、リモートなどを活用した仕事に就くことで、寺院を維持していくことが可能になる。兼業で寺院を護持していける「滋賀モデル」のような寺が、今後はますます増えていくことだろう。

なかには「僧侶の兼業など、とんでもない」と、僧侶の世俗化を批判する人もいるかもしれない。だが、私はむしろ、現代の僧侶は就職すべきだと考えている。僧侶の中には、庶民感覚に乏しい者も多い。特に若い僧侶にはどんどん社会に出て、最低限のマナーやスキルを身につけてほしい。それが結果的には、寺を活性化するアイデアを生むことにつながるのだから。

未来予想 11 2030年

単立寺院が1割を超え、買収される事例が増える

民間企業が寺院を乗っ取る

近年、寺院の「M&A（合併・買収）」が活発化してきている。

その背景はさまざまだが「裏の目的」で民間企業や、資産家が宗教法人を買収することが、しばしば行われている。宗教法人格を取得し、非課税部分を利用して税金対策をする手法などである。

寺院が民間企業に対し、対価を得て宗教法人の名義を貸すケースもよくあるが、こちらも違法だ。宗教法人格の売買は、資産隠しなどの不法行為の温床になったり、カルト教団がアジトとして活用したりするなど地域の安全を脅かす元凶にもなっている。

一戸建てやマンションを買うように、寺院や神社の売買は可能なのか――。多くの人にと

っては、なんとも不可解な話に聞こえることだろう。しかし、実際にはこれまで多くの宗教法人が第三者の手に渡って、悪用されてきた歴史がある。過去の例を挙げながら説明しよう。

2010（平成22）年10月13日付、『毎日新聞』大阪版朝刊では「寺の法人格、売却詐欺容疑で京都の住職ら逮捕」の見出しで報じている。

記事は、宗教法人格の売買をめぐって、詐欺容疑で京都市内にある古刹の住職や責任役員が逮捕されたという内容だ。

この寺は天皇家ゆかりの名刹《めいさつ》で、重要文化財の本尊を抱えていた。民間企業への譲渡代金は1400万円で、企業側は前金700万円を支払った。しかし、宗教法人格は譲渡されなかったため、被害届を提出した、というものだ。

また、福岡市の寺では2009（平成21）年に土地所有権が不正に移転登記され、神社の代表役員らが逮捕されている。逮捕された役員らは「納骨堂などをつくって売却するため、寺を乗っ取るつもりだった」と供述していた。この事件では暴力団もからんでいた（『朝日新聞』2009年3月23日付）。

寺院の売却をめぐって刑事事件にまで発展し、新聞沙汰になる事例はさほど多くはない。しかし、水面下でトラブルになっているケースは、いま現在でも相当数あるとみられる。

トラブル・犯罪の根底にある寺院の承継問題

なぜ、寺は宗教法人格を売りたがり、企業や個人は買いたがるのか。

寺院側の事情としては、経済的な困窮が挙げられる。近年、檀家減少などに伴って「食べていけない寺」になり、次期住職に引き継げないケースが頻発している。

後継者がいれば寺院を維持し、資産を残そうと考える。しかし、いずれ寺が無住化するのなら、住職の中には寺を売却し、老後資金に充てようと考える者もいそうなものだ。宗教法人格を売った手元資金を〝持ち逃げ〟して、還俗《げんぞく》（僧侶をやめて一般人になる）すれば、老後の生活が担保できるからだ。

もちろん、宗教者としてこのような身勝手な行動は決して許されることではない。仮に継承者がいなければ、宗門に相談して継承者をマッチングしてもらうか、地域の資産として檀家組織や地域が管理していく仕組みを考えるか、あるいは解散するべきである。

だが実際のところ、寺院の承継問題は深刻である。

後継者の決まっていない寺は、末寺約1万か寺を抱える浄土宗本願寺派では30％（202

1年)、約4700か寺の日蓮宗では43%(2020年)、約7000か寺の浄土宗では46%(2017年)となっている。寺院が承継できなければすなわち「空き寺」になる。空き寺の増加とともに、宗教法人を売却する事例が増えていくのは必然といえる。

なかには億単位で取り引きされる寺院も

また、すでに空き寺を兼務している(兼務寺院を抱えている)寺院の中にも、売却を検討する動きが出てきている。空き寺の護持には伽藍《がらん》の修繕など、莫大な維持コストがかかってくるからだ。

そうした場合、複数の寺院を合併させて経営の合理化を図るのが、ひとつの妥当な判断になる。兼務している寺院を解散させ、その不動産の売却益を得て、本寺の経営を健全にしていく手法である。

しかし、合併には煩雑な手続きや伽藍の解体などの手間とコストがかかる。そこで、やはり兼務寺院を売却することが視野に入ってくる。では、宗教法人格の売買相場はどれくらいなのか。

「立地条件にもよりますが、慣習的には寺院年収の3倍程度の金額で取り引きされています」

（関西在住の住職）

地方寺院の場合は数百万～2000万円、都市部の立地のよい寺の場合は億単位になる場合もある。宗教法人や公益法人の売買を手がけるブローカーが存在する。

檀家がいる寺よりも、青空寺院（伽藍が朽ちてなくなり、土地だけのペーパー法人）のほうが使い勝手がよいとされる。寺院は檀家組織があり、住職が不自然に交替した場合や売却しようとした際には警戒される可能性があるからだ。

大手宗派（包括宗教法人）に所属する寺院（被包括寺院）の売買はハードルが高い。住職（代表役員）の名義変更にあたって、責任役員や檀家総代などの実印を押した書類を整え、さらに所轄官庁である自治体に届け出る必要があるからだ。

しかし、宗派から離脱した「単立寺院」ならば、宗派への届け出は不要だ。宗教法人格の売買をするために、自由度の高い単立寺院になる動きが加速している。

売買が成立すれば、買い主は法人の登記を書き換えることになる。宗教法人は新たに許可を受ける場合は、かなりハードルが高い。宗教法人としての活動実績などが審査され、申請から認可を受けるまでに10年ほどかかる場合がある。

一方、古くから継承されてきた寺院（特に単立寺院）の場合、住職の死亡時や代替わりの時には名義変更だけで寺院の代表役員になれる。所轄の都道府県に提出する書類に不備がなければ、宗教法人の代表として登記することができる。

単立寺院のすべてが売買を目的としたものではないが、文化庁「宗教年鑑　令和4年版」によれば、2012（平成24）年から2022（令和4）年までの10年間で129か寺、単立が増えている（2660か寺→2789か寺）ことは、決して看過できるものではない。所轄官庁の文化庁は、単立寺院化への規制強化を検討すべきだと思う。

宗教法人の圧倒的「税制優遇」

しかし、なぜそれほど、寺院が魅力的なのか。それは、多くの税制優遇があるからだ。

宗教法人は、宗教活動のみを営み、布施のみを収入とする場合は非課税である。一般企業のように法人税が課されることはない。

一方で、寺院の中には一般企業と同じような商売をしているケースがある。多いのがお土産の販売や、境内地を利用した駐車場貸しなどだ。国税庁は宗教法人の収益事業として次の34種類の事業を挙げ、収益をあげれば課税対象としている。

①物品販売業　②不動産販売業　③金銭貸付業　④物品貸付業　⑤不動産貸付業　⑥製造業⑦通信業、放送業　⑧運送業、運送取扱業　⑨倉庫業　⑩請負業　⑪印刷業　⑫出版業　⑬写真業　⑭席貸業　⑮旅館業　⑯料理店業その他飲食店業　⑰周旋業　⑱代理業　⑲仲立業　⑳問屋業　㉑鉱業　㉒土石採取業　㉓浴場業　㉔理容業　㉕美容業　㉖興行業　㉗遊技所業　㉘遊覧所業　㉙医療保健業　㉚技芸教授業　㉛駐車場業　㉜信用保証業　㉝無体財産権の提供業　㉞労働者派遣業

だが、これらの収益事業にも税制上の優遇措置が設けられている。宗教法人は税法上の「公益法人等」（他にも公益社団法人、社会福祉法人、学校法人などがこれに該当する）。民間企業が同じ事業をするのに比べて税率が低い。たとえば法人税の軽減税率がある。収益事業から得た所得に対し、宗教法人の法人税率は19％。一般的な株式会社の法人税率は23・2％である。また、領収書への印紙税や登録免許税などが非課税だ。

最もメリットが大きいのは、宗教法人は固定資産税や相続税が免除されていることだ。宗教法人に固定資産税が免除されているのは、仮に課税してしまえば、多くの寺院があっという間に破綻してしまうからである。

莫大な固定資産税がかかる都心の一等地にある寺院であっても、年収数百万円レベルの寺はいくらでもある。到底支払えるものではない。相続税も同様である。課税されれば結果的には、街の中から信仰の場がなくなり、文化資源もなくなり、貴重な緑地もなくなってしまう。結果的には、国民が損をすることになってしまうのだ。

さらに宗教法人には、「みなし寄付金」の適用もある。これは寺院が、収益事業で得た収入を、本来の宗教事業に使った場合には所得金額の20％を限度額として寄付金とみなすという制度だ。これも、一般企業よりも優遇枠が多くなっている。

以上のように宗教法人の多くの「メリット」を得ようとして、悪意のある者が寺院に群がる構図になっている。宗教法人の転売はカルト教団をはじめとする反社会的集団の拠点化にもつながり、地域の安全をも脅かしかねない。

人口減少に伴い地域のつながりが希薄化するなかで、監視の目が行き届かなくなっているのも、こうした危うい構造を生んでいる元凶だ。

ある日、菩提寺の住職が替わり、見ず知らずの人間が寺に出入りしだす。寺院が、檀信徒に説明をすることなく大きな事業を始め、生活が派手になりだす。そんな兆候が現れ始めたら、「黄色信号」だと考えたほうがよいだろう。

未来予想 12 2050年
東西本願寺が合併するか

167もの仏教系宗派

寺院消滅が進むと同時に、仏教教団（宗派）も淘汰の時代を迎えている。日本の仏教は曹洞宗や浄土宗、日蓮宗といった宗派ごとに分かれているが、小規模な宗派や一部の仏教系新宗教は、消滅の危機に瀕している。本項では日本の仏教宗派の現状を述べ、未来予測をしてみたい。

日本の仏教は1500年の歴史の中で、多数のセクトに分かれてきた。仏教教団勢力の流れを説明するとかなりややこしいことになるので、ここでは簡単に説明する。

宗派のはじまりは、鎮護国家を目的とした南都六宗（三論、成実《じょうじつ》、倶舎《くしゃ》、法相《ほっそう》、華厳、律）といわれている。南都六宗は学問研究が主であり、衆生救済が目的ではなかったため、次第に衰退していった。現在では法相宗、律宗、華厳宗の3宗しか残っていない。

平安時代には遣唐使をつとめた最澄が天台宗を、空海が真言宗を開き、現在の宗派の基盤をつくった。奈良時代に登場した役行者《えんのぎょうじゃ》が始めたとされる修験道が各地で信仰されるようになったのも、この頃である。

鎌倉時代になって比叡山で学んだ法然が浄土宗を、その弟子の親鸞が浄土真宗、日蓮が日蓮宗を開宗し、入宋した栄西が臨済宗、道元が曹洞宗を伝えた。教科書にも載っている、いわゆる「鎌倉新仏教」である。これらの伝統仏教教団は江戸時代に入ると、ほぼ分派の動きが止まる。

明治時代に入って、信教の自由が発せられると宗派再編が活発化する。1939（昭和14）年に宗教団体法が公布されるまで、13宗56派が存在した。たとえば臨済宗は天龍寺派や相国寺《しょうこくじ》派、建仁寺《けんにんじ》派など14派に分かれていた。

だが、戦時下での宗教統制を目的とした宗教団体法が施行されると、基本的には「1宗祖1宗派」となり（浄土真宗など一部例外の教団はあった）、計28宗派に統合される。

戦後は憲法の定める「信教の自由」によって、再び多くの包括宗教法人が誕生していく。戦後間もない頃の新宗教教団の乱立の様子は、「神々のラッシュアワー」と呼ばれた。

現在、仏教系宗派は曹洞宗や浄土真宗本願寺派など1万か寺以上を擁する巨大教団から、数か寺～数10か寺程度の小規模教団や仏教系新宗教まですべて含めると167もある。

ちなみに、「新宗教」とは、幕末以降に成立した宗教勢力を指す。仏教系では、宗教団体法以前の13宗56派を「伝統仏教教団」とし、それ以外の新興勢力を「新宗教」と位置付けることが多い。

あえて教団名を挙げないが、一見、伝統仏教教団風の宗派名を掲げて社会的な信用があるように見せつつ、強引な入信勧誘や霊感商法を行っている仏教系新宗教もあるので注意してもらいたい。

有名な「あの寺」も、教団は小規模

伝統仏教教団のうち、最大の宗派が曹洞宗だ。末寺1万4545か寺を抱える。次いで、浄土真宗本願寺派が1万188か寺。さらに真宗大谷《おおたに》派が8565か寺、浄土宗6981か寺、日蓮宗5109か寺と続く。多くの教団を生み、「日本仏教の母山」として知られる天台宗は3313か寺にとどまっている。

著名な寺院でいえば、聖徳太子が開いた奈良の法隆寺は聖徳宗というマイナーな宗派だ。戦後の「神々のラッシュアワー」の時代に、法相宗から独立した。聖徳宗傘下の寺院は24か寺しかない。

京都の観光名所、清水寺も戦後、法相宗から1965（昭和40）年に独立し、北法相宗を名乗った。包括する寺院はわずか8か寺だ。清水寺は日本でも最も古い宗派の一群、南都六宗を起源にもつとはいえ、実は新しい包括宗教法人傘下なのだ。

さらに大仏で知られる東大寺は南都六宗のひとつ華厳宗を受け継いでいる。同宗は102か寺である。

鑑真が開いた唐招提寺を総本山にもつ律宗は、現在28か寺に過ぎない。唐招提寺の知名度は高いが、教団の規模はかなり小規模である。

こうした小規模教団のうち、地方都市に末寺が多く分布している教団は将来的に存続が危ぶまれる。

なぜなら、過疎化によって寺院が護持できなくなり、空き寺が増えることが予想されるからだ。数千か寺もの末寺を抱える大教団傘下の寺院であれば、仮に無住化したとしても近隣の同門寺院の住職が兼務し、護持することは可能になる。

だが、空き寺を兼務する同門寺院が近隣にない小規模教団の場合、「空き寺＝廃寺」となる可能性がある。前述のように地方の人口減少が加速すれば、無住寺院（空き寺）が増えるのは必然だ。

こうして小規模教団は勢力をどんどん失っていく。ある時点で、浄土系なら大手の浄土宗や浄土真宗本願寺派など、密教系なら真言宗など、臨済系なら最大派閥の臨済宗妙心寺派などに「合併・吸収」されていくであろう。

新宗派の勢力縮小が止まらない

伝統仏教教団で比較的安定しているのは曹洞宗、浄土宗本願寺派、真宗大谷派、浄土宗、日蓮宗、高野山真言宗、臨済宗妙心寺派、天台宗、真言宗智山《ちさん》派、真言宗豊山《ぶざん》派の10宗派くらいだろうか。

とはいえ、特に曹洞宗や高野山真言宗は過疎地に多くの末寺を抱えており、勢力の減退は否めない。

また、浄土真宗や臨済宗、真言宗、日蓮宗はセクトが細かく分かれている。参考までに臨済系に例を取れば、以下のように細かい派に分かれている。

【臨済宗】

妙心寺派　3325か寺
建長寺派　407か寺
円覚寺派　210か寺
南禅寺派　423か寺
方広寺派　168か寺
永源寺派　129か寺
佛通寺派　51か寺
東福寺派　364か寺
相国寺派　111か寺
建仁寺派　69か寺
天龍寺派　103か寺
向嶽寺《こうがくじ》派　61か寺
大徳寺派　199か寺
國泰寺《こくたいじ》派　34か寺

興聖寺派《こうしょうじ》　9か寺

なお、近年、末寺（布教所、教会などを含む教団施設）の数を急激に減らしているのが、次に挙げる仏教系宗教団体である。

ここ四半世紀ほどの経年変化を、文化庁が発行している『宗教年鑑　平成7（1995）年版』と『令和5（2023）年版』を基に比べてみた。この中には伝統仏教教団の真言宗醍醐派や天台宗から独立した妙見宗などが含まれるが、多くが近代になって発足した新宗教である。

カリスマ性をもった教祖が昭和初期に、独自の新宗教団体を設立させた。その最大の新宗教が、法華経信仰から生まれた霊友会だ。さらに霊友会から独立したのが立正佼成会などである。

【天台系】

石土宗《いしづち》――――53→38

妙見宗――――116→46

鞍馬《くらま》弘教《こうきょう》――41→19

【真言系】

真言宗醍醐派――1085→893

真言宗犬鳴《いぬなき》派――311→57

真言宗鳳閣寺派――138→6

真言宗花山院《かざんいん》派――6→3

光明《こうみょう》念佛《ねんぶつ》身語《しんご》聖宗《しょうしゅう》――236→57

真如苑《しんにょえん》――184→15

卍教団――485→86

【日蓮系】

法華日蓮宗――39→19

在家日蓮宗浄風会――45→19

霊友会――3942→3531

妙道会教団――――382→12
立正佼成会――――690→584
思親会《ししんかい》――――190→60

【奈良仏教系】

不動宗――――11→5

宗教施設数の減少傾向を見る限り、伝統仏教以上に、新宗教は厳しい運営を迫られているようだ。

新宗教の場合、戦後の高度成長期において、菩提寺をもたない分家筋や、都会に出てきた核家族をターゲットにして勢力を拡大してきた。だが、近年の少子高齢化傾向によって教団運営に赤信号が灯っている。28年でこれだけ数を減らしたのだから、さらに26年経った2050（令和32）年にどうなっているか――。

宗教再編の時代は、すぐそこまで迫ってきている。

未来予想 13 2030年

自動搬送式納骨堂の倒産ドミノが起きる

最悪の場合、遺骨が戻ってこない

北海道札幌市の宗教法人が運営する納骨堂が２０２２（令和４）年に経営破綻した。これまで「墓」や「納骨堂」の経営は、永続性が担保できる宗教法人に認可されてきた。しかし、実際には宗教法人ですら破綻することがありうることを証明した形となった。

多死社会や「墓じまいブーム」をにらんで、都市部ではこの10年ほどで大型納骨堂の建立が相次いでいる。だが、早くも経営に行き詰まるところがでてきている。

納骨堂が閉鎖されれば、支払った利用料金が戻ってこなくなるだけでなく、最悪は遺骨を回収できなくなることが想定される。本項では、都市型巨大納骨堂のリスクを解説する。

経営破綻したのは、札幌駅からほど近い元町（東区）にある室内型納骨堂「御霊堂元町《みたまどうもとまち》」。

運営主体は「宗教法人白鳳寺《はくほう》」だ。

同法人によれば「赤字経営を続けた結果、資金不足に陥っていた」という。２０２１（令和３）年11月には借金の返済ができなくなり、納骨堂が競売にかけられ、不動産会社が落札した。差し押さえの後も、白鳳寺の代表は納骨堂を売り続けていたという。

それが事実であれば、詐欺まがいの行為であり、許されることではない。

推定５億円の売上げも「ずっと赤字だった」

このニュースが報じられると、利用者は永代供養料などの返金や遺骨の返還を求めて押し寄せる騒ぎになった。しかし、普通に考えてもすべての遺骨の返還はできるはずもない。海外や遠方に居住する人や、施設に入居している人は取りに行くことはできないし、送り届けられても困惑するだけだ。

こういうことは言いたくはないが、なかには「わざと」遺骨を取りにいかない人もいるはずだ。墓地埋葬法上は遺骨を受け取れば、自宅に安置するか、改めて墓地や納骨堂を契約するしかない。新たに数十万円から１００万円以上のコストが生じることになる。海洋散骨する場合も、結局はコストがかかる。

同納骨堂は２０１２（平成24）年に開業した。いわゆる「ロッカー式納骨堂」といわれているタイプのものだ。室内にコインロッカーのように扉のついた納骨壇があり、そこに骨壺を納める形態だ。

同納骨堂の最低価格はおよそ30㎝角の、シンプルな個人用で30万円＋年間管理費６０００円。遺骨４柱まで入れて、仏壇のようなしつらいのタイプは70万円～＋年間管理費１万２０００円。最も高額な９柱まで入れることができるものは２５０万円＋年間管理費１万２０００円となっている。

コインロッカーのようなロッカー式納骨堂

開業10年で１５００基の販売数に対して、７７３基（販売率52％）が売れていた。納骨堂内には北海道内外からの遺骨が１０００柱ほど入っていたという。

たとえば１基あたりの販売単価平均が70万円であったとするならば、５億円以上を売り上げていたことになる。また、管理費の平均で年１万円とすると、毎年８００万円近くのキャッシュが生まれている。さらに契約数に伴って、葬儀や法事の布施などが入ってきていたことになる。773軒の檀家から想定される布施の年額は1000万円以上とみられる。

しかし、この宗教法人代表が釈明するには「開業してからずっと赤字だった」という。納骨堂の元の建物は専門学校を利用して、納骨堂にしている。建物の改修費や納骨壇の設置費用などの初期投資はあったにせよ、一から土地を取得して納骨堂のビルを新築したわけではない。納骨堂経営が赤字であったというのは、どういう収支であったのか。

永代使用料が宗教法人に入らない「カラクリ」

実はこうした不透明な納骨堂経営が、近年横行している。一般的なスキームはこう。寺院と近い、葬儀社や石材店などの周辺産業の民間業者が、伽藍修繕などの巨費を必要としている住職に擦り寄ってくる。そして、伽藍の修繕費を、無宗教式の永代供養納骨堂ビジネスで賄える、などと提案してくる。

民間業者が単体で納骨堂をつくればよい話だが、実は先述のように霊園や納骨堂事業の認可は、行政以外ではほぼ宗教法人にしか与えられていない。したがって、宗教法人の名義を借りて納骨堂を運営するのだ。そして民間業者の資本で納骨堂が建設される。そのため、納骨堂の永代使用料の売上げのほとんどは業者が手にし、宗教法人にはほぼ入らないことが多い。
一見、宗教法人にメリットがないように思えるがそうではない。永代使用料収入は入らない代わりに、契約数に比例して、葬儀や法事の布施が入る。建設費などの初期投資が不要で、かつ、布施収入が増える可能性を秘めているから、伽藍修繕などを控えている寺院にとってはリスクの少ない事業のように思え、納骨堂経営話は「渡りに船」というわけだ。

しかし、そこに大きな落とし穴が隠されている。あくまでも、事業の名義上の契約者は宗教法人なのだ。

納骨堂建設や融資も、宗教法人名義でしか進められない。仮に納骨堂がオープンしても思うように売れなかったり、あるいは民間業者の経営が傾いたりした場合に、納骨堂ビジネスから業者が撤退すれば、すべての責任は名義を貸した宗教法人にのしかかることになる。

「自動搬送式納骨堂神話」の崩壊に備えよ

こうしたスキームで、多くの宗教法人がいいように利用されているのだ。しかし、納骨堂のニーズを読むのは非常に難しい。結局は、札幌の御霊堂元町のようにずさんな経営で破綻したり、破綻寸前になったりしている納骨堂はかなりある。ちなみに、宗教法人の「名義貸し」は違法である。

現在、東京都内には「自動搬送式納骨堂」と呼ばれるタイプの巨大ビル型納骨堂が30棟ほどある。自動搬送式納骨堂とは、ICカードをかざせば納骨カロートが自動的に運ばれてきて、参拝ブースでお参りができるハイテク納骨堂だ。

待合いロビーなどもシティホテルを思わせるようなしつらい。その分、ロッカー式納骨堂に比べて、割高ではある。「主要ターミナルからも近く至便で、買い物ついでに、仕事帰りの墓参りもできるハイテク納骨堂」というのが、〝売り文句〟だ。

多死社会や墓じまいブームを背景にして東日本大震災後あたりから、大手葬儀会社や大手仏具・石材販売会社はタイアップして、この自動搬送式納骨堂事業に乗り出してきた。近年では、外資系金融会社も納骨堂事業に参入していた。1棟あたり、数千基から1万基以上の規模感である。札幌の納骨堂とは比較にならない納骨数だ。1棟あたりの建設費は数十億円に上る。

こうした事業は当初は順調だったが、数年もすると納骨堂は供給過多になり、需要が追いつかなくなってきて、民間企業の経営を圧迫している。地方都市の自動搬送式納骨堂では破綻事例も出てきている。

仮に都内の巨大自動搬送式納骨堂が破綻したり、競売にかけられたりした場合は、札幌の事例とは比べものにならないほどの混乱が生じるだろう。アナログのロッカー式納骨堂とは違い、自動搬送式納骨堂はコンピューター制御であり、通電が止まり、システムが動かなくなれば遺骨の取り出しは難しくなる。

「自動搬送式納骨堂神話」が崩壊すれば、不安心理が増大して顧客離れが進み、雪だるま式に納骨堂が破綻していく危険性もある。

同時に私たちも、安易な形で始められた民間業者と宗教法人の納骨堂ビジネスには、深い闇とリスクが隠されていることを知っておくべきだろう。

未来予想 14 2029年

寺院合体型ホテルの建設が相次ぐ

客室から本尊阿弥陀如来がチラリ

シティホテルと「合体」して、寺を甦らせる――。

京都市中心部にある浄教寺《じょうきょうじ》は近年、建物の老朽化によって存続が危ぶまれていた。しかし、元銀行員の住職が、寺とホテルを一体化させる事業で再建に成功。いま、商業施設を組み込んだ都会型寺院の再生モデルが、各地で広がりをみせている。

ほのかにお香の薫《かお》りが広がるラウンジ。随所に木のオブジェが飾られ、壁には墨で現代アートが描かれている。和洋折衷のモダンな空間は、いかにも京都のホテルらしい佇まいをみせる。2020（令和2）年9月に開業した「三井ガーデンホテル京都河原町《かわらまち》浄教寺」である。

文字通り、寺とホテルが「同居」している。本堂とホテル1階ロビーとは壁一枚を隔てて隣接しており、ガラス窓がはめ込んである。浄教寺側からは宿泊客がロビーで寛《くつろ》いでいる様子が観察でき、ホテル側からは本尊阿弥陀如来《あみだにょらい》が鎮座する荘厳な宗教空間を、覗き見ることができる。

「施設は一見、真新しく見えますが、元のお寺の部材を可能な限り再利用しました。本尊などの仏像や、釣り灯籠《とうろう》などは修復。劣化が激しかった曼《まん》荼《だ》羅《ら》図は最先端のデジタル技術を使って再現しました。工事の際の文化財調査で出てきた創建当時の鬼瓦や、頂《ちん》相《そ》（高僧の肖像画）などの展示スペースも、本堂内に設けています。ホテルのロビーにも欄間《らんま》や木鼻《きばな》（寺院建築における木の装飾）をオブジェとして飾り、宿泊客の評判も上々のようです」

ホテルのロビーと隣り合わせの本堂（三井ガーデンホテル京都河原町浄教寺）

　浄教寺第44代目住職の光山公毅《みつやまこうき》さんは作務衣《さむえ》姿で本堂とホテルを案内しながら、説明してくれた。ホテルのスタッフとも、親しげに会話を交わす。古式ゆかしい、一般的な寺の風情はここではまったく感じられない。

浄教寺がある場所は、商業地の公示地価において、京都で最高価格地の定番地「四条河原町交差点」から直線距離でわずか200メートルほど。東京で例えれば、銀座の東京鳩居堂《きゅうきょどう》のすぐ裏側といったイメージだ。

570年以上の歴史を有する浄土宗の古刹である。創建された室町時代は現在地から少し離れた場所にあったが、豊臣秀吉によって洛中寺院の整理・統合が行われ、寺町通り沿いの現在の地に移転した。浄教寺は、首都防衛の役割を担う寺だった。周辺には、そうした寺が多く点在しており、新しい商業施設と古刹が入り混じったエリアとなっている。

寺町通りからアプローチが延びており、手前にホテル、その奥にお寺らしい風情の境内が広がっている。広くはないが、境内墓地もある。入り口は寺とホテル用とで分けてあり、双方を行き来するにはいったん、外に出なければならない。

寺とホテルとが一体型となったビルは、地上9階建て。ビルの東側は浄教寺が占有し、1階に本堂や寺務所がある。一方で、ホテルは2階にレストラン、大浴場を備え、2階～9階に客室167室を設けている。

元銀行マンならではの「再建案」

寺の境内に宿泊施設がある事例は、少なくない。たとえば、高野山や信州善光寺などの「宿坊」は一般旅行者も宿泊が可能だ。

昔は、宿坊然として居心地がよいものではなかったが、現在は誰でも快適に過ごせる上質な空間と、ホスピタリティを提供しているところが増えてきた。

京都の浄土宗総本山知恩院は、祇園《ぎおん》や円山《まるやま》公園からも近い宿坊の和順会館を、近年リニューアルした。「シティホテルと比べても遜色ないグレードで、割安感がある」と評判だ。

こうした寺が直営する「宿坊」に対し、浄教寺の場合は寺が「大家」になってホテルを誘致した点が大きく異なる。さらに、浄教寺が画期的なのは「寺院の再生」を目的として、ホテルと一体型の施設をつくりあげたことだ。

そもそも、光山さんは浄教寺の生まれでもなければ、京都人でもない。東京都文京区小石川にある浄土宗寺院の出身だ。大学卒業後、日本長期信用銀行（現SBI新生銀行）に入行した銀行員であり、浄教寺継承の話が舞い込んできた2014（平成26）年当時も別の金融機関に籍を移していたが、一貫して法人融資業務に従事していた。

「浄教寺の先代が、父の従兄弟《いとこ》という関係でした。浄教寺には子どもの頃、しばしば遊びにきていて馴染みはありました。先代には後継がおらず、親戚中を見渡したら、継承できそうな人間が私しかいなかったというわけです」

しかし、当時の木造本堂は築200年が経過し、荒廃していた。このままでは、近い将来の「崩壊」は目に見えていた。一般的な寺の改修には、時に億単位の資金が必要になる。前回の改修は90年も前のこと。雨漏りもひどく、耐震上も大きな問題を抱えていた。建て替えは不可避であった。

だが、浄教寺は、檀家数は100軒にも満たない骨山《こつざん》（裕福な寺院を「肉山《にくざん》」と呼び、貧しい寺院を「骨山」という）。一般的に京都の寺は、最低でも檀家200軒が経済的に自立できるラインとされる。改修や建て替えを檀家に提案したところで、到底、寄付は集まるわけがない。

「一度は、住職就任の話を断りました。ですが、京都のど真ん中という恵まれた環境にあって、継承の話が出た2014年当時は、まだ京都ではホテルが足りていなかった。銀行員としての経験を活かし、いまなら仏教とビジネスとの融合ができるかもしれないと思い、よし、やってやろうと思い直しました」

本来であれば、伽藍と宿泊施設は別々の建物にするのが好ましい。しかし、境内地が狭い浄教寺には、2棟の建物を建てる余裕がない。そこで光山さんはビル1棟の中に、寺とホテルを同居させる手法を考えた。そして、ホテル側から決まった賃借料を得て、寺の護持に充てるという構想である。

どこの寺でも同じことだが、人口減少・高齢化社会にあって檀家の減少は免れない状況だ。浄教寺のように境内地が狭い都市型寺院では、新規で墓地分譲するにも限界がある。当面の間は寺を維持できたとしても、中長期的には「ゆでガエル」になることは目に見えていた。

不安がよぎったのは、京都の保守的な檀家がどう反応するか、であった。光山さんは、説明会を開いて丁寧に説明した。

「ホテルに入居してもらい、その賃料で寺を護持する体制をつくります。建て替えのために寄付は一切、いりません。年間の管理費も廃止し、檀家さんの負担を将来にわたってゼロにします。そのためのホテルとの一体型事業なのです」

朝のお勤めに参加し、御朱印をもらう

光山さんのこだわりは、弱者に優しい寺に変えていくこと。堂内は冷暖房完備で、靴のま

までお参りができる完全バリアフリーにする。車椅子や、ストレッチャーでも楽に参拝ができる設備にすることを伝えると、檀家の心に響き、一同に賛成してくれたという。

「浄教寺の檀家さんは、クールでドライ（笑）。それが、逆に助かりました。最初は驚かれていた方もいらっしゃいましたが、いまでは本当に喜んでもらっています」

光山さんは大学時代や銀行員時代のツテを頼って、再建事業をスタートさせる。なにしろ、これ以上ない好立地だ。東には髙島屋京都店が隣接。寺に面する寺町通りは、かつて「京都の秋葉原」と呼ばれた電気街で、常に若者やビジネスパーソンが大勢行き交う。なおかつ、競合しそうなホテルチェーンは、近隣には見当たらなかった。

光山さんのホテル構想には、6社ほどのホテルチェーンが手を挙げたという。しかし、うち4社は「多国籍の観光客が集まる京都にあって、特定の宗教施設の中で事業をするのは難しい」などとして、折り合いがつかなかった。

最終的には、「むしろ、お寺と一緒になるメリットは大きい。新規顧客が開拓できる」と、コラボレーションに強い意欲を示した三井ガーデンホテルを運営する三井不動産と、光山さんとの考えが一致した。

冒頭に述べたように、共同事業を通じて、ホテルのロビーには寺の装飾品をあしらい、本堂が見える設計にするなどの独創的な発想が次々と生まれた。朝のお勤めに宿泊客が参加できること、御朱印がホテルでもらえることなど、寺院一体型ホテルとしての特性を生かしたプランが次々と具現化していった。

見えないところの配慮も。本堂には、本尊阿弥陀如来が鎮座する。その上階にあたる客室では、本尊の上にベッドを置かないように注文をつけた。宿泊客が本堂に入れるのは、朝のお勤めの際と見学タイムの1日2回。ホテル内部に、読経や木魚などの音が漏れないように防音には特に気を配った。

お勤めは早朝6時40分からだが、宿坊のように参加が半ば義務付けられているわけではない。外国人への解説などは、ホテルスタッフが対応する。週末になれば30人ほどの参加者がある。なかには、「この寺にお墓を持ちたい」という宿泊客もいたという（浄教寺では墓地の新規受付はしていない）。

続々と開業する「寺院一体型ホテル」

コロナ禍は、京都にも大打撃を与えた。ホテルの開業は2020（令和2）年9月。浄教寺はホテルから賃借料を得るだけで、経営には関わっていないのでダメージはなかった。いま京都は本来の賑わいを取り戻している。

最近では視察も増え、「浄教寺モデルを取り入れたい」と話す寺も現れてきた。

「保守的な寺の中には、冷ややかにみている僧侶もいるかもしれませんが、私はあまり気にしません。それよりも、若い僧侶たちが『勉強のために見学させてほしい』と言ってくるのが嬉しいですね。お寺にとっては厳しい時代ですが、それもやりようによっては飛躍できるチャンスでしょう」

浄教寺に続いて、大阪の心斎橋御堂筋《みどうすじ》沿いにある三津寺《みってら》（大阪市中央区）が、カンデオホテルズと一体化したビルを完成させた。

三津寺は1933（昭和8）年築の伽藍の老朽化による建て替えの時期を迎えていた。そこで耐震補強などの修繕を施した上で、曳家《ひきや》工事によって本堂を移動。1階から3階までの吹き抜けに本堂をはめ込み、4階以上をホテルにするという構想だ。最上階の15階にはスカイスパを設ける。2023（令和5）年秋に竣工した。

歴史が証明する大阪と浄土真宗の深い関係

続いて、本堂ではないが山門とホテルが一体化した珍しいケースを紹介しよう。大阪市中央区の「南御堂《みなみみどう》」として親しまれている真宗大谷派（通称：お東さん）の難波《なんば》別院（通称：南御堂）は2019（令和元）年秋、山門とホテルを合体させた複合施設をオープンさせた。寺院の門と商業施設とが一体になったケースは、日本初である。

山門の老朽化に伴う建て替え資金の捻出のための「苦肉の策」だったが、これまで仏教と接点がなかった若者やビジネスパーソンが寺の門をくぐり始めた。

大阪を代表するオフィス街、本町。オリックスや竹中工務店などの本社ビルが立ち並ぶこのエリアに、低層部が大きく開口したビルが登場した。これが、難波別院の「山門」である。

御堂筋から山門越しに、寺の本堂が見える。難波別院は「お東さん」と呼ばれる真宗大谷派の、大阪における拠点道場だ。気になるのは、「山門とホテル」の合体ビルがいかに完成し、どのように活用されているかだが、それは後述することとして、この界隈の街と寺院の歴史を簡単に解説してみたい。

大きく開いた南御堂の山門。この上部がホテルとなっている

難波別院に対し、500メートル北には浄土真宗本願寺派（通称：お西さん）の津村別院（通称：北御堂《きたみどう》）が建っている。大阪の一等地に、浄土真宗の巨大寺院が2つあるのには理由がある。

歴史を遡れば、「大阪」は浄土真宗がつくったといっても、過言ではない。

「大坂」（大阪の旧表記）という地名の初出は15世紀末、本願寺8世で中興《ちゅうこう》の祖とも呼ばれる蓮如《れんにょ》がしたためた「御文《おふみ》、御文章《ごぶんしょう》」といわれている。この「大坂建立章」（4帖第15通）で蓮如は、『当国摂州《せっしゅう》東成《ひがしなり》郡生玉《いくたま》の庄内大坂といふ在所は、往古よりいかなる約束のありけるにや』と、述べている。ここでいう大坂とは、現在の大阪城あたりを指した。

蓮如は未開の地であった大坂の地に、大坂御坊《ごぼう》（後の石山本願寺）の建立を発願。そこに門徒衆が集まり、寺内町《じないまち》を形成し、大いに栄えた。

だが16世紀末、織田信長と10年にわたって対立した（石山合戦）結果、石山本願寺は退去。その跡地に、豊臣秀吉の手によって大坂城が建設されたというわけだ。浄土真宗の総本山は、現在の京都・西本願寺の地に移転した。

ここ御堂筋の難波別院の創建は1595（文禄4）年のこと。本願寺12世の教如《きょうにょ》が大坂渡辺に建立した大谷本願寺に遡る。2年後に大谷本願寺はこの地に移転した。

1602（慶長7）年、京都の本願寺のお家騒動に乗じて、徳川家康が本願寺を分けたことで、現在の東・西の本願寺が生まれた。そのため大坂における浄土真宗も、真宗大谷派難波別院（南御堂）と浄土真宗本願寺派津村別院（北御堂）に分かれ、現在に至っている。

1926（大正15）年の大阪都市計画において、この「2つの御堂」をつなぐ参道の拡幅工事が完成する。それが、現在の御堂筋なのである。

企業の支援により「御堂会館」が生まれ変わる

しかし、1945（昭和20）年3月の第1次大阪大空襲によって、難波別院や津村別院を含める一帯は焼失した。

こうして終戦の年、空襲により焼け落ちた難波別院だが、1961（昭和36）年に本堂と山門の再建を果たす。この時、山門は商業ビル「御堂会館」として生まれ変わった。当時も寺院と商業施設の一体型ビルの、先駆け的存在として注目を浴びた。

御堂会館には1000人規模を収容できるホールがあった。昭和の映画ブームの時代には、試写会の聖地としても映画ファンから知られていた。

ところが、2011（平成23）年の東日本大震災をきっかけに、耐震性の問題が浮上する。御堂会館は震度6以上で倒壊する可能性が指摘された。建物もかなり老朽化しており、解体を余儀なくされた。本堂の耐震性にも問題が見つかり、改修工事が必要となった。耐震調査の結果、補強に11億円、解体だけでも4億円かかるとの見積りだった。独自の再建は断念せざるを得なかった。最終的な事業費は山門だけで、およそ90億円にもなった。

この時、飛び出した絶妙なアイデアは次のようなものだ。

まず、山門部分の土地約2600平方メートルに対して、60年間の定期借地権を設定。地代を得ながら再建する計画が持ち上がった。名乗りをあげたのが、地元企業である積水ハウス不動産関西（当時の積和不動産関西）。「御堂筋のシンボルにしたい」と、山門を既存の御堂会館以上の規模感で再建することになった。

つまり、地主としての難波別院は地代を得、家主としての積水ハウス不動産関西はテナント料を得るスキームである。施工は、難波別院の「企業門徒」である竹中工務店が手掛けることになった。

昔は、大規模な寺社にはパトロンが多くついていて伽藍の寄進や建設を請け負ったものだが、近年では企業が寺社に資金を拠出しにくい体質になってきているのが残念だ。

スタバに経本!?　仏教と触れ合う若者たち

新たなビルでは山門の機能を備えるため、低層部の中央は参道として、通り抜けができる構造にした。吹き抜け部の天井は、寺の門であることを主張するため、伝統的な格天井《ごうてんじょう》のデザインが採用された。

2019（令和元）年11月、地上17階地下1階の複合ビルとしてグランドオープン。山門の「脚」の部分に当たる北棟4階までは、難波別院が寺の施設として積水ハウス不動産関西から借り受けた。

そのうえで1階にスターバックスコーヒー（南御堂ビルディング店）を誘致。なんと、スターバックスの片隅には経本や難波別院グッズなど、真宗大谷派の布教ツールを販売している。宗教施設の中にスターバックスが出店した事例も、稀有である。

南棟は積水ハウス不動産関西が誘致した企業が入居。その南棟1階には、行列のできるスイーツ店「ハナフル」が店を構えており、常に若い女性でいっぱいだ。

つまり、山門の1階に若い人々が集まる飲食店を構え、彼らを境内へと誘う仕組みである。従前の難波別院ではみられなかった、仏教と接点のなかった若者が寺の門をくぐり始めた。

5階以上は、客室364室の大阪エクセルホテル東急が入る。16階にフロントロビーやバーを設けており、バーカウンターからは難波別院の本堂が俯瞰《ふかん》できる。空間のしつらいからは、仏教色を感じることはできないが、大阪の街をイメージしたカーペットが敷かれているなどの工夫を凝らしている。

京都の浄教寺が三井ガーデンホテルと一体となったケースでは、旧本堂の建材をホテルロビーに使用したり、ロビーと本堂とを隣り合わせにしたり、仏教色を前面に押し出すコンセプトであった。一方で、大阪エクセルホテル東急は、ムスリムの宿泊客など他の信仰への配慮から、宗教色を排しているのが特徴といえる。

とはいえ、外国人旅行者にとって、難波別院は日本の宗教文化に触れられる格好の地。特に本堂で行われる朝のお勤めは、荘厳な雰囲気が体験できる。大阪エクセルホテル東急は宿坊ではないので、朝のお勤めは自由参加だ。

もともと難波別院での朝のお勤めは、午前7時とかなり早い時間帯に設定されていた。しかし、建て替えを機に、宿泊客や近隣のオフィスのビジネスパーソンの通勤時間に合わせた午前8時に変更した。すると、飛躍的に参拝客が増えたという。伝統的な仏教教団において、守るべき伝統は守り、変えるべき慣習は状況によって変えるという柔軟な姿勢が感じられる。

難波別院では2023（令和5）年に本堂の耐震改修工事を終え、大阪のランドマークとして再び、歩み始めた。

2024（令和6）年1月30日、当時の岸田首相は通常国会本会議の施政方針演説にて、2030（令和12）年の訪日外国人旅行者数6000万人、消費額15兆円の達成を目指すと述べた。2023年の訪日外国人旅行者数は2506万人、消費額は5兆3065億円なので、じつに3倍である。

寺院単独では生き残りが難しい時代だ。寺院の新たな価値創造にもつながりうる「ホテル一体型モデル」は、今後もきっと増えていくことだろう。

第3章

テクノロジーが仏教を変える

未来予想 15

2035年

国宝・重要文化財のデジタルアーカイブが完了する

VRシアターで東大寺大仏の「予習」

デジタルアーカイブとVR（バーチャル・リアリティ）の技術を使って仏教の文化財を保存、公開する動きが加速している。そのトップランナーは、印刷大手のTOPPAN株式会社（旧凸版印刷株式会社、以下TOPPAN）である。

TOPPANはこれまで東大寺大仏や高野山など、国内外の第一級の宗教遺産を、超高精細の解像度でVR化してきた。

VRでは、現地では確認できない部位やアングルも自由自在に観察することができる。また、地震や台風などの災害の多いわが国において、デジタルアーカイブによる「保存」は急務となっている。文化財のデジタルアーカイブとVRの技術の最前線に迫る。

東京都文京区小石川にあるＴＯＰＰＡＮ本社ビルの内部には、最先端のＶＲシアターが設置されている。ここで同社は取引先向けにＶＲ作品の上演を行っている（東京国立博物館ＴＮＭ＆ＴＯＰＰＡＮミュージアムシアターや、ＤＭＣ高野山が運営する高野山デジタルミュージアムのＶＲシアターも一般公開中）。

同ＶＲシアターは、大きくカーブを描いたスクリーン（現在はＬＥＤカーブビジョンを使用）が特徴だ。それによって、視野角のほとんどを占めることができるため、映像空間の中に入り込んだかのような臨場感が得られる。

ナビゲーターの案内で、「東大寺大仏の世界」と題する映像が流れ始めた。映像は大仏殿を俯瞰するように上空に上がると、浮遊感が感じられる。さらに堂内へと入り、座高15メートルもある「仏の目線」から内部を見回す。一般参拝ではあり得ない角度からの映像だ。来場者からは、どよめきの声があがる。

昔、万博パビリオンなどで３Ｄメガネを掛けると、立体的に映像が飛び出てきて驚いたものだが、ＶＲシアターではそんな特殊なメガネは必要ない。

プログラムでは、コントローラーを操作して（一般公開ではコントローラーを使用しない）「自分」を好きな場所に移動させることもできる。たとえば、蓮弁《れんべん》や掌《てのひら》の上など。ぐっと細部に寄ることができるので、細かな彫刻や遠くの建築意匠などが手に取るように観察できる。

このVRシアターで「予習」をしておけば、現地を訪れた際にはより深い学びを得ることができそうだ。TOPPAN VRは東大寺の他にも、興福寺、唐招提寺、日光東照宮といった国内の宗教施設、海外では故宮《こきゅう》博物院（中国）、ナスカの地上絵（ペルー）などのさまざまなラインナップがある。

「4K」「8K」に合わせてアップグレード

TOPPANは、印刷技術のデジタル化を早くから推し進めてきた企業である。VRは印刷の技術開発の延長線上にある。

文化財のVR化はまず、文化財を高精細にデジタルアーカイブすることから始まる。建築や土木などで使用されるレーザー機器などで3次元計測、高精細に撮影した2次元画像、色の情報を取得し、コンテンツ化する。同時に文化財の所有者や学芸員らの学術的な監修を受けながら、「現物」に近づけていくのだ。

文化財の中には顔料が剝げ落ちていたり、地中に埋もれていたりして、視認できないものも少なくない。しかし、VRで再現すれば可視化が可能になる。つまり、何百年も前に造られた当時に時間を巻き戻すこともできるのだ。

実際の寺の堂内に鎮座している仏像は厨子《ずし》に入っていたり、堂内が薄暗くてよく見えなかったりするが、VRではそれも問題なく、クリアな映像として登場させることができる。

デジタル文化財ミュージアム KOISHIKAWA XROSS®　VR THEATER　©TOPPAN Inc.

かれこれ四半世紀の技術の積み重ねによって現在、文化財をテーマにしたVR作品は60作品以上。その間、映像の規格は「4K」「8K」と、より高精細の解像度に進歩してきているが、それもデータをアップグレードすることで対応ができているという。

曼荼羅の復元にも貢献

TOPPANは2007（平成19）年、高野山金剛峯《こんごうぶ》寺《じ》の協力を得て、重要文化財「両部大《りょうぶだい》曼荼羅（通称：血曼荼羅『平清盛奉納』）」の復元再生プロジェクトを立ち上げた。両部曼荼羅は密教寺院に祀られていることが多く、「大日《だいにち》経」や「金剛頂経《こんごうちょうきょう》」といった経典をもとに、仏の世界を表現している。そこには大日如来を中心にして、多くの如来や菩薩がびっしりと描かれている。

平安時代に描かれた高野山の両部大曼荼羅は、描かれた当時は赤や青や緑などの極彩色で輝いていた。しかし近年、傷みが激しく、当時の美しい姿が失われつつあった。曼荼羅は絹《けん》本《ぽん》（絹の布地）に着色され脆《もろ》く、奉安《ほうあん》（尊いものを安置すること）を続けると劣化も進む恐れがあった。

歴史の生き証人である国宝や重要文化財は、なるべく制作当時に近い状態で復元・再生し、可能なら展示し、学びなどに生かして継承したいところである。これが、デジタル技術を使うことで可能になる。

両部大曼荼羅は、約8年の歳月をかけて復元することに成功した。さらにこの復元プロジェクトで取得したデジタルアーカイブデータも活用し、VRによる作品を2021（令和3）年に完成させた。

「曼荼羅に描かれた肉眼では見ることが困難な微細な絵柄を、面積比で500倍以上に拡大しながら鑑賞するなど、通常では見ることができない視点から文化体験ができるようになりました」（同社文化事業推進本部）

このＶＲコンテンツは、ＤＭＣ高野山が運営する高野山デジタルミュージアムのＶＲシアターで上演。高野山の中核施設である「壇上伽藍」の空間と建造物を紹介するプログラムとして公開している。観光客には、壇上伽藍を参拝する事前・事後の学びとして一般公開され、また企業には、研修のコンテンツとしても活用されている。

江戸城天守、平城京……を次々再現

ＴＯＰＰＡＮ ＶＲのさらなる魅力は、江戸城天守や安土城天主、平城京といった現存しない建造物までも、当時の設計図などをもとにＶＲで復元していることだ。

江戸城は15世紀に太田道灌《おおたどうかん》が築城し、徳川三代将軍家光の代に莫大な費用をかけた、五重の天守が完成した。だが、１６５７（明暦３）年に発生した明暦の大火によって、天守をはじめ多くの建造物を焼失。天守はその後再建されなかった。江戸城は大正時代の関東大震災、先の大戦における空襲でも大きな被害を受けていた。

その江戸城が仮に同じ状態で現在まで約３６０年間建ち続けていたなら、どんな姿なのだろう。ＴＯＰＰＡＮ ＶＲでは経年劣化も含めて再現した。葵紋《あおいもん》の金具に刻まれた葉脈や、鯱《しゃち》の鱗《うろこ》を留めるための鋲《びょう》など、１００万個を超える部材を細部にいたるまで精緻にＶＲ化した。

歴史を振り返れば、わが国は災害大国だ。火災や地震などで消滅した文化財は少なくない。文化財を高精細のデジタルデータで保存しておけば、「万が一」の時には再生・再建に役立てられるかもしれない。それを実体験したのが、2016（平成28）年の熊本地震であった。

「実は熊本地震で大きなダメージを負った熊本城とその石垣は、震災5年前にVR作品にしていました。特に震災後の石垣の組み直しは途方もない作業になりますが、当社のVR制作時に取得した櫓《やぐら》や石垣など4万点の画像が残っていたことで、復旧作業の効率化に貢献しているようです」（同前）

そういう意味では2019（令和元）年10月に火災で正殿などが全焼した首里城を、VR保存できていなかったことが悔やまれる。

自然災害だけではない。人口減少が進むなかで、特に地方寺院の無住化が深刻だ。先述のように現在約7万7000の寺院が存在するが、無住寺院は1万7000か寺ほどあると考えられている。2040年にはさらに1万か寺ほどの寺が「消滅」するとも指摘されている。

貴重な建築物や仏像などの日本の宝が、いま存続の危機に直面している。

高度な技術を使ったデジタルアーカイブは、仏教界が独自にできるものではない。このVRの制作が、消滅危機にある名もない地方寺院にまで広がりをみせることは仏教界の悲願ともいえる。それも、さほど遠くない未来には期待ができそうだ。

たとえば、寺の住職がスマートフォンで撮影した仏像などの画像をもとにしてＶＲがつくれる「簡易ＶＲ」の技術である。すでに一部の企業では、その技術も確立しつつある。この簡易ＶＲが普及すれば、全国の寺院に存在する数百万体ともいわれる仏像や、宝物の調査・管理・公開が一気に広がりをみせることになる。

ＶＲの保存・公開は、宗教界や国、行政、大学、そして民間企業が一体となって取り組むべき、急務である。

未来予想 16

2028年

アンドロイド仏が、各地で説法を開始する

仏像の概念を根底から覆す存在

京都の高台寺《こうだいじ》（東山区）にアンドロイド観音「マインダー」が登場したのが2019（平成31）年のこと。およそ1億円をかけて開発された。ボディは金属が剝《む》き出しで無機質。一般的な仏像とは対照的だ。プロジェクションマッピングなどを交えながら、寺を訪れる参拝客に「般若心経《はんにゃしんぎょう》」を説き続けている。

当然のことではあるが、お寺と仏像（偶像）はセットである。日本にある寺院およそ7万7000か寺のうち、仏像が存在しない寺は、まず存在しない。それどころか、寺には複数体の仏像が納められているのが通例だ。

私が住職を務める寺は、檀家100軒余りの小さな寺である。それでも仏像の数は大小20

体ほどある。日本における仏像の総数については調査したものがないが、おそらく数百万体は存在するだろう。

なぜなら、三十三間堂の千体仏《せんたいぶつ》や化野《あだしの》念仏寺《ねんぶつじ》の石仏群など、１か寺で１０００体を超える仏像数を擁する寺院はごまんとあるからだ。神社にも仏像（神像）が納められているケースがある。京都では室町時代以降、地蔵信仰が広がり、いまでも辻々に地蔵が残っていてその数は数万体とも。江戸時代には現在の数倍の数の仏像が存在したと思われるが、明治維新時の廃仏毀釈によって多くが毀損、消滅してしまった。

仏像とは、一言で言えば、仏を表現した造形物であり、仏は衆生を現世や来世ですくってくれる〝ありがたい〟存在である。そこで、「〝ありがたさ〟とは何か、説明せよ」と質問を投げ掛ける人がいるかもしれない。仏像がありがたいのは、人々が長年に渡って仏餉《ぶつしょう》を供え、手を合わせ、祈りを捧げた対象であるからに他ならない。

長い歴史にわたって、衆生の悲喜こもごもを引き受けるのが仏（像）である。だから、造られたばかりの仏像よりも、何百年と経過した仏像のほうが、よりありがたいと感じられるのは、当然ともいえる。

だが、伝統的な仏像の概念を根底から覆す存在が、２０１９年２月末に高台寺に登場したアンドロイド観音「マインダー」なのである。高台寺は総事業費約1億円（うちマインダーの開発費は2500万円）を投じたという。

公開直後、マインダーを拝みに高台寺を訪れた私は、少なからず驚き、複雑な心境になった。このアンドロイド観音、果たして「仏像」といえるのか。信仰の対象になり得るのか。私は高台寺や開発者は大きなタブーを犯したのではないか、とさえ一瞬、考えてしまったほどだ。

ここでは、アンドロイドの仏像を題材にし、「仏像と信仰との関係」について語りたいと思う。最初に断るが、この問いの結論はない。

観音菩薩が「何にでも変身できる」

マインダーは身長1m95cmのロボットである。顔面から胸部、両手はシリコン製の皮膚で覆われているが、脳内や胴体は機械が剝き出しだ。マインダーは無表情ではあるが眼球は動き、まばたきもする。仏像というより、どちらかといえば生身の人間に近い。

従来の仏像は声を発することはない。だが、マインダーは般若心経を唱え、般若心経が説く「空」についての法話をし、音楽や映像（プロジェクションマッピング）を流したりする。冒頭、マインダーは機械音でこのように自己紹介する。

「観音菩薩である私は、時空を超えて何にでも変身することができる。ご覧の通り、人々の関心を集めるアンドロイドの姿であなた達と向き合うことにした」

　高台寺は記者会見で、

「釈尊入滅後、５００年ほどが経ち、仏像が造られるようになって仏教が爆発的に広まった。その後２０００年間、仏像は黙し続けたが、仏像は変化する時期を迎えている。動き、語りかけてくれるアンドロイド観音によって仏教の教えが現代の人々に伝わっていってほしい」

　と語っている。

　補足のために、少し仏像の歴史を紐解いてみる。実は仏像の起源はよくわかってはいない。およそ２５００年前、釈迦が仏教を開いてしばらくは、仏教は法の継承がすべてであり、偶像崇拝はなかった。

　だが、紀元前１～２世紀頃、インド・ガンダーラでブッダを理想化した仏像が造られ始めた。そして、各地の宗教性や風土、時代を反映した如来・菩薩・明王・天部《てんぶ》などのさまざまな仏像ができあがっていく。

　６世紀、百済の聖明王《せいめいおう》から１体の仏像が日本にもたらされた。この日本最初の仏像は、一《いっ》光三尊《こうさんぞん》阿弥陀如来像と呼ばれるものだ。文字通りひとつの光背《こうはい》を背にして、中央に阿弥陀如来が立ち、右脇に観音菩薩、左脇に勢至《せいし》菩薩が並ぶ独特のスタイルをとる。

この一光三尊阿弥陀如来像は物部《もののべ》氏と蘇我《そが》氏が仏教受容を巡って争った際、運河に投げ捨てられるなどの憂き目に遭っている。その後、発見されて信州に運ばれ、寺が建てられた。それが長野・善光寺である。

善光寺は7年に一度の御開帳が有名だ。御開帳の際に拝むことができるのが一光三尊阿弥陀如来像の身代わりとして造られた前立《まえだち》本尊である。日本最古の本尊は絶対秘仏とされ、この1300年以上、誰の目にも触れていないという。

御開帳では善光寺如来の功徳を求めて、700万人超の参拝客が押し寄せ、大変な賑わいとなる。まさに「ありがたい」仏様である。

他にも、歴史的に価値のある仏像は日本には沢山ある。東大寺の盧舎那《るしゃな》大仏、興福寺の阿修羅像、広隆寺の弥勒菩薩像など枚挙に遑《いとま》がない。このように日本人の信心を集めてきた仏像と、マインダーが同じカテゴリに入るのか。

「正真正銘の仏像」といえる根拠とは

高台寺はマインダーのお披露目にあたって、「観音菩薩は変化自在。だから、アンドロイドの姿であっても何ら問題はない」と説明する。つまり、我々の目に見えている観音菩薩の造形や機能はあくまでも「仮の姿」であって、造形や機能に意味を見出す意味がないということだろう。

ちなみに私は、マインダーは宗教的には「正真正銘の仏像」と言ってもよいと考えている。その根拠は、マインダーは僧侶によって開眼《かいげん》法要（魂入れ・性根《しょうね》入れともいう）という儀式を済ませているからだ。

開眼式（あるいは閉眼式）は、墓地や仏壇を新設した時や、展覧会に仏像を出展する（もしくは寺に戻す）際などに執り行う（浄土真宗を除く）。簡単に言えば、仏像は仏の魂が入っているから、信仰の対象としての仏像たりえる存在なのである。

したがって、アンドロイドといえども開眼法要を実施した時点で、仏の魂は入っているはずである。私が見学に訪れた時、参列者の何人かはマインダーに向かって恭《うやうや》しく合掌し、礼拝をしていた。「何か」をマインダーに感じ取っていたからかもしれない。

私も、マインダーに手を合わせた。ところが〝仏〟であるにもかかわらず、独特の空気や畏れなどは感じられなかった。それは、私が疑い深い性格であるからかもしれない。仏像を外見で判断してはいけない。世の中には仏像然としていない仏像は、いくらでもある。ヘルメットのような螺髪《らほつ》が特徴の五劫思惟《ごこうしゆい》の阿弥陀仏や、一刀彫りの円空《えんくう》仏、あるいは路傍の石仏の中には男根型の道祖神（仏像というには微妙な存在であるが）もある。しかし、マインダーはそれらとも一線を画しているような気がする。

「信仰とは何か」を考えてみる

ここからは、あえて話を飛躍させる。私は先ほど、「開眼式を済ませたマインダーは、宗教上はれっきとした仏像」だと述べた。

では、「フィギュア」は仏像になれるのだろうか。フィギュアメーカーの海洋堂やエポック社では仏像を模したガチャガチャ（カプセルトイ）を出している。価格は1回300〜400円である。このフィギュアに開眼式をしたら、やはりそれは仏の魂が入った仏像ということになる。

そういう理屈で言えば、ガンダムのプラモデルでも、テディベアのぬいぐるみでも、なんでも仏像になり得るのだ。

マインダーのように、読経や法話は機械音でも十分、と思えばいま流行りのAIスピーカーから音源を流せば良い……。いや、スピーカーそのものでもよいのだ。スピーカーに対して開眼法要を行い、そこからお経や法話を流せば、立派な「仏」になるかもしれない。機能としてはマインダーもＡＩスピーカーもさほど変わらない。

要は、それをありがたい仏像として崇拝するか、ただの偶像と見るかは、仏前に座った者の心持ち次第なのだから。しかしそうは言っても、３００円のフィギュアや経の流れるスピーカーに手を合わせる人がいるかどうかは別の話だ。

「木で造られた仏像やマインダーは造り手や研究者の姿が見えるが、フィギュアやＡＩスピーカーはただの量産品。仏像になり得る条件とは、造り手の気持ちが入ったものであること」と指摘する人もいるかもしれない。この論理の場合、宗教儀式を通して信仰の対象物にできるという論理は、成立しなくなる。

きっとこう言う人もいるだろう。

「信仰に偶像はいらない。大切なのは宇宙の真理（法）を継承していくことにある」

しかし、現実的には日本の仏教は、偶像崇拝の要素が強い。

ここまであれこれと、仏像と信仰との関係性について、思考を巡らせた。本稿は、マインダーは仏像か否かの結論を出すのが目的ではない。あくまでもマインダーの存在を通じて、

「信仰とは何か」を深く考えることにある。

ちなみに私は、仏像と非仏像の境界線について、こう考える。

ただ単に仏の心を入れる儀式だけでは仏像にはなりえず、同時に手を合わせる者に、「信心の心を入れる」ということが大事。私たちがマインダーを前にして、信心の心を得られれば、その時点でマインダーは本当の仏となる。仏像は、私たちが持っている仏性と共鳴して始めて、仏としての意味をなす——。

マインダーは語りかける。

「(私の誕生によって)あなたたち人間はどのような気づきを手にすることができるだろうか」

未来予想 17 2027年

高齢者施設で「オンライン参拝」が当たり前に

京都にいながら芝・増上寺に初詣

コロナ禍では、一部の寺院や神社でオンラインによる初詣が実施された。

オンラインを使った儀式をいち早く実施してきたのが、築地本願寺（東京都中央区）である。特に同寺のオンライン法要（年忌法要）はユニークだ。

築地本願寺倶楽部という会員組織に入会すれば、希望する日時にオンラインによる法事に申し込むことができる（お布施5万円以上）。「コロナ禍における日々の心がけをどうすればよいか」などの、ありがたい説法も聞ける。パソコンの貸し出しも実施している。

その築地本願寺ではコロナ禍において、年越しの除夜の鐘と初詣をオンラインで実施した。YouTubeで鐘の音と新年の元旦会が生配信された。

他にも愛知県名古屋市の三輪神社や、福岡市の鳥飼《とりかい》八幡宮などでもオンライン参拝を実施した。コロナ禍を背景にして、着実に寺社のDXは進んでいるようだ。

出色だったのが東京・芝の増上寺のオンライン初詣。「新春 増上寺オンライン初詣」と題されたイベントが実施され、現在も継続して実施されている。私は2022(令和4)年1月のオンライン初詣に参加した。

開始時間の午後2時にZOOMにアクセスすると吹雪の中、真っ白に雪を被った増上寺大《だい》殿《でん》(本堂)が映し出された。普段は大殿の背後にそびえる東京タワーも、この日は吹雪で煙っていてまったく見えない。それが、かえって滅多にみられない「都会の絶景」となって映った。

着物を着た案内人の女性の鼻は真っ赤。過酷な環境でのリポートは、相当なインパクトをもって全国の高齢者施設に中継されたことだろう。

非公開エリアまで見られるオンラインツアー

増上寺も築地本願寺と同様に、伝統にとらわれない斬新な企画の数々を実施しており、オンライン初詣でも先鞭《せんべん》をつけた形となった。しかし、ただ単に初詣の様子を中継したり、録画配信したりするのではない。この企画が斬新なのは企業が寺院と連携し、高齢者介護施設に向けて実施したことである。

全国の高齢者施設への、オンライン初詣の告知と参加の呼びかけは年末に行われた。当日は首都圏を中心に、25施設およそ700人の入居者がオンライン初詣（ZOOMを活用）に参加。遠くの施設では大阪府からの参加もあった。

およそ1時間にわたって、増上寺の空間が入居者たちに共有された。高齢者は施設に居ながら、スクリーンやモニター上で参拝気分を味わった。

増上寺は首都圏の高齢者にとっては馴染みがある寺。他府県の施設入居者の中には初めて増上寺に接する人もいて、観光気分での参加となった。

少し増上寺について説明しよう。同寺は浄土宗の大本山である。14世紀末に開かれ、江戸時代に入ると徳川将軍家の菩提寺として栄華を極めた。現在の増上寺は東京プリンスホテルとザ・プリンスパークタワーに挟まれた敷地だが、かつては東京タワーやプリンスホテルを含む芝公園全域が境内地だった。

当日はこうした寺の歴史などを、増上寺の若手僧侶らが境内を散策しながら解説。その様子がオンラインで配信された。ZOOMの投票機能を使ってクイズを出したり、視聴者からメッセージをもらって読み上げたりするなどの双方向のやりとりも盛り込まれた。

施設入所者に対する祈願の読経も実施され、お札が授与された。高齢者の元には記念品として増上寺名物の「勝運御守」が郵送された。

だが、当日は大雪で、気温は0度を切るという想定外の「ハプニング」。新年にもかかわらず、増上寺の一般参拝者はほとんどみられず、案内人の2人だけが雪の積もった境内を案内するというシュールな光景が配信された。リアルなツアーであれば中止になっていたに違いない。オンラインだから実現できたことだ。

雪景色だけではない。普段、非公開の施設が紹介された。そのひとつが、日比谷通りに面する三解脱門《さんげだつ》（三門、国の重要文化財）の2階の内部である。すぐ外は喧騒のオフィス街なのに、三門の中は暗く、静寂に満ちている。大きな釈迦三尊像、十六羅漢像などの映像が僧侶の解説とともに配信された。

通常は有料公開の徳川家の廟所（墓所）へも入っていく。廟所は、歴代将軍のほか夫人や子女らを含めると計38人が祀られている。将軍は2代秀忠、6代家宣《いえのぶ》、7代家継、9代家重、12代家慶《いえよし》、14代家茂《いえもち》の6人だ。廟所は将軍ごとに拝殿と本殿などの建築物がついた、まるで日光東照宮のような絢爛《けんらん》豪華な施設であったとの解説があった。

廟所のおおかたは太平洋戦争での空襲で焼けてしまったが、徳川家光の三男綱重の御霊屋にあった建物の一部が、境内にある水盤舎《すいばんしゃ》の屋根に使われていることなど、知られざる逸話が説明された。

大殿の中にも入っていく。大殿は増上寺の中枢だ。やはり先の大戦での空襲で焼けてしまい、現在の大殿は１９７４（昭和49）年に建造された。案内人が、参加者７００人を代表してお賽銭を投げ、手を合わせて祈りを捧げた。

参加者はリアルタイムで感想を寄せた。

「雪の中初詣ができて最高。普段見られない場所が見れてよかった」

「当施設もクラスターが発生したが、前向きな気持ちになれた」

また、遠方の施設からは、「大阪の施設なので東京にはご縁はなかったが、雪景色の増上寺を拝見できてよかった。コロナで外出ができなかったので、本当にありがたい経験になった」などの喜びの声が寄せられた。

今後は高齢者施設だけではなく、病院のベッドの上や自宅で初詣や儀式を受けたいとのニーズも想定される。寺院側にとっても、オンラインを駆使した生老病死への寄り添いが求められる時代になっている、ということなのかもしれない。

寺院でキャッシュレス決済が導入されるか

現金主義から最も脱却できていない業界が、伝統的な仏教界や神社界である。将来キャッシュレス決済が一般化していく中で、お寺から賽銭箱がなくなり、お布施がキャッシュレス化する時代がやってくるのだろうか。

自販機や各地の小売店舗などでは、新紙幣対応機の導入が進んでいる。1台あたり数十万円以上の出費になるという。新紙幣発行を機に、完全にキャッシュレス決済に切り替える店舗も少なくない。

経済産業省によれば2023（令和5）年時点で、わが国のキャッシュレス決済比率は全体で39・3％（126兆7000億円）だ。キャッシュレス決済の内訳は、クレジットカード（83・5％）、デビットカード（2・9％）、電子マネー（5・1％）、コード決済（8・6％）である。

世界各国のキャッシュレス比率（2020年）を比較すると、韓国が93・6％、中国が83％と圧倒的に高い。続いて、オーストラリア67・7％、イギリス63・9％、アメリカ55・8％などとなっている。主要先進国で日本より低いのはドイツ21・3％くらいである。

政府は2025（令和7）年までにキャッシュレス決済を4割とする目標を立てているが、こちらは達成できそうな見通しだ。将来的には韓国・中国とも並ぶ8割を目指している。新紙幣発行が、キャッシュレス決済加速へのトリガーになれるだろうか。

コロナ禍が明け、観光地には大量のインバウンドが入ってきている。彼らの多くはキャッシュレス大国からの訪問者だ。したがって、キャッシュレスに対応しなければ、機会喪失につながってしまう。

特に京都や奈良、鎌倉の有料拝観寺院への観光客の大半は外国人である。寺社におけるキャッシュレス決済システムは、すでに導入済みと思いきや、実はほとんどが未対応だ。特に筆者のいる京都では、寺院や神社への支払いは基本、現金のみと考えたほうがよい。他方で欧米の教会などでは、入場料や寄付などのクレジットカード決済は当たり前である。

ここからは寺院（観光寺院）における収入の種類を挙げながら、キャッシュレス決済と現金決済のどちらが相応《ふさわ》しいかを、論じていきたい。

寺院にとって小銭は都合がわるい

まず、拝観料（入場料）。本山クラスの大寺院や、庭園などの見所がある名刹で、拝観料を設定しているところがある。拝観料は20年ほど前までは、せいぜい300円程度であった。だが、近年では500円なら安い部類である。

京都では「冥加料《みようが》4000円以上」という、強気な料金を設定している寺もある。「冥加料」「~円以上」などの抽象的な言い回しをしているのは、あくまでも寺への入場は、宗教的行為であり、布施扱い（非課税）であるということを強調したいためであろう。

仏前や神前では、賽銭を入れる参拝者が少なくない。賽銭はほぼ100%、現金だ。しかも賽銭箱に投じられるのは、少額の硬貨がほとんどである。

近年、ゆうちょ銀行や都市銀行などでは大量の硬貨を預け入れる際には、手数料が必要になってきた。仮にゆうちょ銀行で1円玉を1000枚預ける場合の手数料は1100円。預け入れる金額以上の手数料がかかることになり、本末転倒だ。宗教施設では、相当な分量の小銭が貯まっていく。寺院側にとっては、賽銭こそキャッシュレスが最も合理的な決済方法と思える。

だが、本堂の柱や賽銭箱の横にQRコードが貼ってあると、興醒めするという感は否めない。また、初詣など人出でごった返す場合にはQRコードでは対応しきれない。

参拝客は「お賽銭を投げ入れる行為」そのものに対して宗教性を見出しているともいえる。

キャッシュレス時代においても、やはり賽銭は現金のほうがしっくりくる。完全にキャッシュレス社会になった時には、わざわざ「参拝コイン」なるものをキャッシュレスで買って、賽銭箱に投じるということになるかもしれない。

ちなみに、京都の東本願寺（真宗大谷派）では2020（令和2）年より、J-Coin PayとUnionPayでのお賽銭の支払いを可能にした。また、その他の布施の一部もクレジットカード決済を導入している。クレジットカードはタッチ決済が増えているので、支払いのストレスはかなり軽減された。東本願寺の試みは全国の寺院に広がりつつある。なお、PayPayでは「寄付行為」は禁止されていたが、2024（令和6）年8月以降解禁となった。

現金主義が根強く残る「管理費の支払い」

寺院や神社ではさまざまな物販が行われている。おみくじやお守り、御朱印などのほか、ろうそくや線香、供花、数珠、絵葉書などを販売するケースもある。飲食店や駐車場での売上げを計上する寺社もある。

本論とは少し話が逸れるが、宗教法人で扱われる物品やサービスは、課税されない「非収益事業」と課税される「収益事業」とに分けられる。

たとえば先出のアイテム（おみくじ、お守り、御朱印、ろうそく、線香、供花、数珠、絵葉書、飲食店、駐車場）を、あなたは非課税と課税とに分けられるだろうか。

正解は、おみくじ・お守り・御朱印のみが非課税である。他方、ろうそく・線香・供花・数珠・絵葉書・飲食店・駐車場などには課税される。

非課税と課税を分ける基準はややこしいが、要は「その宗教施設のみで提供され、かつ宗教行為を伴う物品やサービス」は非課税扱い。「コンビニなどでも販売できる類《たぐい》のもので、通常の販売価格で売られているものは課税」とされている。

判別が難しいのが数珠。宗教用具であり、一見非課税のように思えるアイテムだが、コンビニや100円ショップでも販売されている。そのため課税対象となる。

こうした寺院における物販や、サービスの多くもいまだ現金決済である。本来はキャッシュレス決済のほうが、支払う側は便利だ。宗教法人の物販には非課税と課税が混在しており、売上げを分けて計上しなければならないが、管理する側にとってもキャッシュレスのほうがはるかに利便性が高いはずだ。

また、多くの寺院では、檀家から徴収する墓地管理料や法事・葬儀の布施などの収入がある。これらについても、現金主義が貫かれている。管理料について銀行振込やカード支払いを取り入れている寺は、先進的なほうだ。

高齢化、核家族化で檀家が寺に足を運べない時代がやってきている。キャッシュレス化を進めることこそが、弱者への「寄り添い」になる側面もある。現金主義にこだわり続けると、檀家離れを加速させることにもなりかねない。

20年後に現金を使っているのは、神社仏閣だけ？

他方で葬儀や法事の布施については、檀信徒が法要後に、現金を帛紗《ふくさ》や袋に包んで、住職に直接手渡すのが「慣習」であり「マナー」にもなっている。布施は、賽銭と同じ「喜捨《きしゃ》」（信者が喜んで差し出すこと）であり、カード・コード決済では、どこか悲しい。

また布施の金額は、出す側が決めるのが原則だ。カード決済やコード決済では、布施が「サービスの対価」であるニュアンスが強まる。布施に関しては、日本のよき現金文化を残しておくのがよいと考える。

最後に２０２１（令和３）年に、全日本仏教会と大和証券が共同で実施した「お寺のＤＸ」に関する調査結果を紹介したい。そこでは利用者の、寺院でのキャッシュレス決済の利用意向を聞いている（有効回答数６１９２）。

「どのようなキャッシュレス決済なら利用したいか」（「菩提寺あり」の3720サンプルの回答）

お墓の管理料	56%
拝観料	47・7%
お札、お守り、御朱印	46・8%
葬儀の布施	46・8%
賽銭	39・7%

上記の結果を踏まえ、「違和感のあり・なし」の調査結果をみていく。特に布施のキャッシュレス決済に関しては「違和感あり」が58％、「違和感なし」が42％となった。さらに詳細な調査では「布施のキャッシュレスに強い違和感を感じる」比率が23・3％に対し、「特に違和感を感じない」11・7％の2倍に。布施のキャッシュレス化は時期尚早のようだ。

以上述べてきたように、寺院・神社ではキャッシュレス化を進めることが肝要ではあるものの、賽銭・布施については現金払いの慣習がこの後も続くと考えられる。

なお、仏教界は近年、若い僧侶を中心にして、寺院のDX化が広がりつつある。だが、旧態依然として変革を好まない勢力のほうがいまだ強い。

京都仏教会に至っては「布施のキャッシュレス化により宗教信者の個人情報および宗教的活動が第三者に把握される危惧がある」「布施のキャッシュレス化により手数料が発生し、収益事業として宗教課税をまねく恐れがある」などとして反発を強め、各寺院にキャッシュレス化を受け入れないことを求めている。だが、時代の流れには抗えないし、信教の自由の侵害や宗教課税を恐れる理由にしては説得力に欠く。

2024年、新紙幣が発行された。次回の紙幣の改刷があるとすれば20年後の2045（令和27）年頃か。現金の流通が残るのは、神社仏閣くらいになっているかもしれない。そういう意味では、次の1万円札の肖像画は、わが国に仏教を取り入れた「聖徳太子」に回帰してもよいかもしれない。

未来予想 18 2030年

僧侶が「生成ＡＩ」に取って代わられる

不安を癒してくれる場所を求めて「書き込み」

先の見えない時代の中、不安に駆られ、僧侶に救いを求める人々が出てきている。そこにオンラインで寄り添う僧侶が現れ、生成ＡＩによる悩み相談も始まった――。

感染症、戦争、自然災害……。こうした、漠然とした脅威に対し、各地の仏教寺院には、不安に駆られて人々が寺に集い始めているのも確かだ。

愛知県愛西《あいさい》市の浄土宗寺院大法《だいほう》寺は「縁切寺」で知られ、縁切りの絵馬で有名だ。ウクライナ侵攻後、「早く戦争が終わってほしい」などの内容の絵馬が複数、奉納されているという。

住職の長谷《はせ》雄《を》蓮華《れんか》さんは「戦争のニュースやＳＮＳに日々接し、中には〝不安のトリガー〟が引かれてしまった方もいらっしゃるように思います。『どうしていいかわからない不安』が押し寄せ、お寺に救いを求める人が増えてきていると感じます」

長谷雄さんは、だからこそ、お寺を地域に広く解放し、僧侶は人々の悩みに耳を傾けるべき、と強調する。

そうした不安の受け皿が、ネット上にもある。僧侶が答えるお悩み相談サイト「ｈａｓｕｎｏｈａ（ハスノハ）」では、「戦争が怖い、不安でどうしようもない」といった僧侶への相談が日々、増えてきている。そこには切実な訴えが綴られていた。

「少しでも情勢を理解しようと、色々調べていたら、たくさんの怖い記事を見つけ読んでしまいました。第三次世界大戦、核戦争、恐怖はどんどん膨らみ、不安と恐怖で1日手が震えています。一度ネットから離れなければと思いすべての通知をオフにしてみましたが、それでも不安は膨らんでしまいます。

この道を散歩するのは、もう今日が最後なのかもしれない、といったように考え涙が止まりません。追い詰められ絶望を感じています。どうか、前向きになれるアドバイス、死を受け入れられるアドバイスを頂ければと思います」（一部、30代女性）

「先進国同士の大きな戦争に激しく動揺しています。私は子どもの頃から戦争が本当に恐ろしく、家族や自らが無事であるようにずっとお祈りをして生きてきました。

現地の方が苦しんでいるニュースに接し、私はいても立ってもいられないほど苦しく、恐ろしいです。実力主義の残酷な世界の中で、私のような弱い者は強者大国に震えながら生きていくしかないのでしょうか。どうか、この恐怖へのアドバイスを頂けますととても助かります」（一部、30代女性）

こうした相談に僧侶らは、

「私たちの世界では、嫌なこと、憎むべきこととも出会っていかなければならないという苦しみである『怨憎会苦《おんぞうえく》』があります。このような苦しみと出会わなければならないのが、この輪廻という世界。この輪廻から離れる方法、恐怖も含めて色々な苦しみをなくすための方法が説かれてあるのが仏教です。是非、恐怖を打ち破るためにも、仏教を学び修して頂くことをお勧め申し上げます」

「いまの状況を冷静に見つめていき、改めて私たちはどう考えてどう発言して行動していくことが善いかをしっかりと考え、検討して行動していく必要があります。『天網恢恢疎《てんもうかいかいそ》にして漏らさず』（天の張る網は粗いようにもみえるが、悪いことを企む人間は必ず天罰を受ける）です。私たち人間の所業を神仏も、あまたの先人の霊位もしっかりとご覧になっております」

などと回答している。

先の見えない混沌とした状況、とらえどころない生きづらさ。こうした不安を癒してくれる場所が地域の神社仏閣や教会なのだ。同時に宗教者はいまこそ、その真価が問われているのだと思う。

ＣｈａｔＧＰＴに「死別の苦しみ」の対処法を聞いてみた

不安の受け皿は、ネットに留まらない。人工知能（ＡＩ）の技術が、仏教に急激に接近しつつある。２０２２（令和４）年秋にサービスを提供し始めた「ＣｈａｔＧＰＴ」の作文精度は驚くほど高く、仏教界でも話題になりつつある。

ＡＩの登場により、人々を「悩み」の解決に導く新たな手段が増えたことになる。しかし、ＡＩは「死」の定義をあいまいにし、宗教の存在を骨抜きにしてしまうことも考えられる。シンギュラリティの時代の到来は、宗教界をどう変えるのか。

２５００年前にブッダ（釈迦）によって始まった仏教の教えは、文字（経典）や音声（読経や説法）によって広まってきた。人々の悩み（分からないこと）をいかに、合理的に解決していくか、が仏教のテーマでもある。文字と音声によるアウトプットは、ＡＩも得意とするところ。仏教とＡＩは親和性が高いといえる。

たとえばＡＩによる記事の自動作成は、すでに大手新聞社が導入済みである。新聞制作のスピード化と、人手不足を解消する手段として活用されている。単純な「ベタ記事」であれば人間が書いたものか、ＡＩによるものなのかの見分けはつかないレベルだ。ＮＨＫでは、すでに「ＡＩアナウンサー」がニュースを読み上げており、誰が読んでいるのかを教えられなければ、ＡＩとは気づかない流暢な日本語だ。

専門知識や作文力が必要であった文章作成を、一般ユーザーにも容易にできるようにさせたのがＣｈａｔＧＰＴである。急速に利用者が広がっている。

ＣｈａｔＧＰＴは、何らかの質問をチャット上に打ち込むと、ＡＩが自動的に文章を生成してくれるサービスだ。日本語にも対応しており、使い勝手もよく、無料で使える。音声認識ＡＩと組み合わせれば、対話によるコミュニケーションも可能になる。

ＳＮＳの文章や学生のレポート水準であれば十分な精度を満たしている。すでにＣｈａｔＧＰＴを使った出版物も販売されている。

これまで一般人が情報を入手したいと思えば、検索エンジンで調べるという方法があった。しかし、膨大なサイトを閲覧し、能動的に情報を取捨選択しなければならなかった。

また、ネット情報には基本的には著作権が存在し、勝手に引用することは法に抵触する。そのため、外に向けて発信する時には注意が必要だった。一部、新聞社と運営会社とで訴訟が起きているが、人格のないAIの作文であれば、あたかも「自分の言葉」であるかのように自由に発信できてしまうのだ。

このChatGPT、私は直感的に「仏教の世界に少なからず影響を与えるだろう」と思う。なぜなら、そこいらの頼りない僧侶よりも、はるかにまともな回答をしてくれるからだ。たとえば、こんな質問をしてみた。

質問「ブッダならば、愛する者と死別する苦しみをどう解決しますか」

ChatGPTの回答：

「ブッダは、人生における問いかけは避けられないものであると考え、その対処を克服するための方法を提唱しています。

1　無常の理解――ブッダは、すべてのものは無常であることを説き、死もまた無常のひとつであると教えています。愛する者が死を迎えたことは、人生の当然の流れであり、それを受け入れることが大切です。

2　自分自身の執着心を捨てること――死別の問題は、愛する者に対する執着が根本的に生じています。

3　慈悲と思いやりの心を育むこと――ブッダは、慈悲と思いやりの心を持つことが苦しみを軽減するための重要な要素であると説いています。共感の心を持つことで、自分自身の苦しみを軽減することができます。

4　瞑想をすること――瞑想をすることで、自分自身の内側から平静や安らぎを見つけることができます。力を与えてくれます。

5　仏教の教えを実践すること――仏教には、生きることの意義や、死に対する見方など、人生についての深い教えがあります。

以上のように、ブッダは、愛する者と死別する訴えについても、自分自身の内側から解決策を見つけることを提唱しています。自分自身の内側から平静や安らぎを見つけることが大切であることがわかります」

文章としては、やや不自然で味気ない部分があるにせよ、少し「味つけ」すれば、一般的な「法話」のレベルは満たすように思う。

仏教では、人間が根源的に抱いている「苦」のひとつに「愛別離苦《あいべつりく》」があると説く。つまり、「愛する人と別れなければならない苦しみ」のことである。

しかし、その先にある解決法「ではどうすれば、その苦しみから逃れられるか」までは、ネット検索では十分に対処できない。「仏教2500年の歴史と、叡智を駆使した回答」ができるところにこそ、宗教者の存在意義がある。しかし、ChatGPTでは、その壁も乗り越えつつあるようだ。

「元ヤンAI僧侶」が喝！

このChatGPTの公開に先んじる形で2021（令和3）年、京都大学発のスタートアップ企業テラバースが「ブッダボット」を開発している。

ブッダボットとは、現代人の悩みや社会課題に対して仏教的観点から回答してくれる仏教対話AI。最古の仏教経典『スッタニパータ』から抽出したQ&Aリストを、AIに学習させた。スマホ上にブッダのデジタル画像が浮かび上がり、「生きづらさをどう乗り越えればよいでしょうか」などの悩みに回答してくれる。

同社は、この技術を発展させ、さらに2022（令和4）年、企業の上司や仏教学者らの知見を取り入れた「仏教哲学コンサルティングサービス」も始めた。これは「仕事が辛い」など、企業の従業員の悩みに対し、仏教の教えに基づいてＡＩが解決してくれるものだ。

この時点ではＡＩによる回答が、ビジネスパーソンの悩み解決につながるかどうかは、未知数であった。正直なところ、まだＡＩが宗教者に取って代わるレベルまでは至っていないように思われた。

しかし、ＡＩと仏教とが、かなり接近してきていることを実感できたのが、先に取り上げたｈａｓｕｎｏｈａが提供する仏教とＡＩを融合させた「ＡＩ僧侶問答」のサービスである。２０２３（令和５）年11月にスタートさせている。ＧＰＴ−４を搭載したＡＩ自動生成によるＱ＆Ａシステムとなっている。２分で回答が可能で、誰でも無料で利用できる。

回答するＡＩ僧侶は３パターンあり、好みに合わせて選べる仕組み。「優しいお坊さん＝丁寧な言葉を使って語ってくれる」「老僧＝人生の先輩としてしみじみと語ってくれる」「元ヤン僧侶＝喝が欲しい、叱って欲しいなどの人におすすめ」という。

たとえば以下のような質問を「元ヤン僧侶」に投げかけてみた。

質問「新卒で希望の会社に入りましたが、パワハラにあって悩んでいます。両親は就職をとて

も喜んでくれました。このまま会社に居続けるか、見切りをつけて転職するか、どうすればよいでしょう」

ＡＩ僧侶「おい、これでもかというくらい悩み抱え込んでるな。新天地でのスタートにパワハラかよ、組織の中での弱肉強食はどこにでもあるけど、我慢の限界を感じるほどならガマンばかりが筋ってもんじゃない。親が喜んだからって、お前が苦しんでるのを続ける義理は何処にもねえ。さっさと見切りをつける決断も時には必要だぞ。

でも待てよ、そこでくじけるってのもどうかと思うぜ。転職も選択のひとつだが、どこへ行っても似たような問題に直面することもあるんだからな。いまの場所でどれだけ学び、成長できるかも考えてみろ。あとで『あの時、もうちょっと頑張れば……』なんて後悔するようなことになんねえようにな。

世の中にはお前みたいに悩む奴、いくらでもいる。１人で抱え込まず、信頼できる仲間や先輩に相談してみるのも手だ。引きこもってばかりじゃなく、少しずつでも行動に移してみろよ。そして、ｈａｓｕｎｏｈａのお坊さんにも相談してみろよ。親身になってくれるぜ。

大事なのは自分の心の声を聞くことだ。無理にいまの環境にしがみつく必要はねえ。でも、その前にちょっと『方便』という教えを思い出してみ。簡単に言えば、状況に応じて最善の手を打つってことだ。問題の見方を変えて、別の解決策が見えてくるかもしれねえからな。最後に、迷ったらいつでもおいで。お前の背中を押すのは他ならぬお前だからな。どんな選択をしても、中途半端な気持ちじゃなく、覚悟を決めて進むんだぞ。その覚悟がお前をより強くする。

合掌。仏様にお祈りをするからな。お前が正しい道を歩めるように」


「元ヤン僧侶」を選ぶと、少し軽い印象を受けるがその問答はなかなか本格的といえる。なぜなら、10年間に及ぶｈａｓｕｎｏｈａでの運用実績をベースにして、回答の方向性や相談者への寄り添い方などをＡＩに学習させているから。

ｈａｓｕｎｏｈａは、月間１００万件ほどのアクセスがあり、回答する僧侶の登録者数は３００名超いる。そのデータが、うまく活かされているのだ。

「生死」があいまいになることで生じる弊害

ｈａｓｕｎｏｈａでは、「相談したい人に対して、回答してくれるお坊さんの数が足りない状況が7年間も続いている」状況を改善するため、比較的シンプルな質問はＡＩ僧侶が解決できる仕組みをつくりたいという。同時に、若い年齢層の人が仏教や寺とリアルに接するきっかけになることを目指しているという。

いま、まさに「仏教×生成ＡＩ元年」といえる局面にある。一方で、「慈悲の実践」といった、宗教空間や宗教者との関係の中で生まれる高度な「慰め」や「癒し」などには、生成ＡＩでは、まだ手が届いていないのは事実だ。生成ＡＩでは、「テキスト（や音声）ベースでの導き」が限界だ。

一方で、こういう見方もできる。「実際の宗教の現場で、上記ＣｈａｔＧＰＴの回答のように端的かつ分かりやすい言葉を示せる僧侶は、どれだけいるだろうか」。

勉強不足、コミュニケーション下手の僧侶よりは、はるかにＣｈａｔＧＰＴのほうが上手である。質の悪い僧侶は、ＡＩの登場によって「退場」を迫られることもあり得る時代なのだ。

シンギュラリティ（ＡＩが人間の知能を追い越す）の時代を迎えても、宗教者がＡＩに取って代わられるのはずっと先だと言われていたが、その時は着実に近づいてきている。

テキストや音声ベースだけではない。ＡＩによる画像の自動生成アプリも登場している。近い将来、ＣｈａｔＧＰＴやＧｏｏｇｌｅやアレクサなどの音声対話を組み合わせた自分のアバターが登場するかもしれない。アバターはデジタル上の自分の分身（「不死」を手に入れた状態に近い）となり得るため、「生」と「死」の境界はあいまいになる。

「生」と「死」があいまいになる時代の到来は、死を「自分の限界」と位置づけ、「だからこそ、より良い生き方をしなければならない」と教える仏教の基盤が揺らぐことにならないか。

仏教だけではない。常に死の恐怖が存在していたからこそ、多様な宗教が生まれ、存続してきた。宗教は時に、人間の行きすぎた行動を抑制し、倫理や秩序を保つ源泉にもなってきた。

しかし、ＡＩが「死」をあいまいにし、ＡＩが既存の宗教の代役を果たす段階に入ってきている。シンギュラリティの到来が今後、宗教界にどんな影響を与えるのか。技術の進歩は、組織の中で新旧の入退場を促してきた歴史がある。

１００年先、いやもっと早くにＡＩは「神」や「仏」になり得るのか。その時、社会の倫理は崩壊するのか、新しい秩序がもたらされるのか。それはまだ、誰にも分からない。

第4章 弔いの未来

未来予想 19 2032年

火葬場でお骨を完全消滅させるサービスが開始

「骨揚げ説明」を拒絶する人たち

前章までは、檀家制度の枠組みが崩れ、ムラやイエの弔いが消えつつある状況を説明した。また近年、葬送が多様化し、トラブルも生じている現状にも触れた。本章ではいよいよ本格的に、日本仏教を支えてきた「弔い」の未来について迫ってみたいと思う。

まずは「死は誰のものか」について、ひとつの興味深い話題を提供しながら、議論を始めることにする。

私は、しばしば新聞社から仏教や死生に関するコメントを求められることがあるが、2019（令和元）年秋の『朝日新聞』からの依頼がとても印象に残っている。読者投稿欄「声」

にコメントを寄せてほしいという。

事の発端は、10月13日付同紙にて、「お骨揚《こつあ》げでプライバシー配慮を」というタイトルの投書が寄せられたことだった。

そこには、「プライバシー侵害の最たるものに、火葬場でのお骨揚げがある。（中略）係員はお骨を前に、これは身体のどこの部分だとか、このような病気だと骨がもろくてあまり残らないなどと説明していた。丁寧な応答は理解できるが、病歴や骨格などには触れないでほしい」と書かれていた。

担当記者が言うには、この投書に対し、読者から賛否の意見が多数寄せられたというのだ。11月20日付同紙に掲載された内容の一部を紹介しよう。

「背骨全体にチタンが入っている。数多くのボルトも。病歴に踏み込んだ説明をされるのは、裸を見られているようで安らかな気持ちになれない」（一部、東京都、55歳）

「晩年の伯父は闘病生活を余儀なくされ、ほとんど見舞いに行けなかった私は心のどこかで申し訳なく思っていました。しかし、お骨の説明を受けて伯父の病状を知ることができ、生前の様子も想像できました。形ばかりの静かなお骨揚げではなく、伯父が生きた証しを知ることができたお骨揚げは、私にとっては貴い時間でした」（一部、東京都、48歳）

「散骨や樹木葬も珍しくなくなった昨今ですから、いまさらとりたててお骨の説明うんぬんで騒ぎ立てるほどのことではないのかもしれません。でも私自身が『お骨』になる時のことを考えると、説明はご遠慮したいと思います」（一部、群馬県、66歳）

「『ここは体のどの部分です』と言われた時、『お父さん。80年間、よく頑張ったんだね』と感慨に近いものがあふれてきた」（一部、熊本県、54歳）

拾骨時の「人体解説」について違和感を抱き、異論を唱える人が出てきたなんて。現代社会を投影したような話ではないか。

かつて死後の始末は、「イエ」「ムラ」といった共同体に委ねたもの。それが、「私」が理想とする死を求める時代になったのだ。骨揚げの意識の変化は、現代人の死生観を浮かび上がらせる。

「喉仏の説明」は東京ならでは

火葬後拾骨において、東日本では全部の骨を拾って骨壺に納めるが、西日本では一部の骨しか拾わない。その拾骨の際、たいていは火葬場の職員が立ち会う。

拾骨の一般的な手順を紹介しよう。

まず先に喉仏だけを脇に寄せて他の骨と混じらないように配慮し、足元から順に拾い、骨壺に納めていく。その際、遺族ふたりが向かい合って2組の箸で一緒に遺骨を拾っていく地域と、個別に拾っていく地域とがある。

この時、職員が「ひときわ大きな骨は大腿骨です」「第二頸椎、いわゆる喉仏が綺麗に残っていますね。座禅している仏様のように見えます」などと説明してくれることが多い。最後に喉仏を納め、その上に頭蓋骨で〝蓋《ふた》〟をして骨揚げが終了する（地域により異なる）。

何度も葬式を経験している人にとっては、「そんなものかな」と深く考えることはないかもしれない。しかし、拾骨に慣れていない人は、あたかも医学教室のような光景に驚き、中には「滅多にない機会だ」と感心したり、投書のように違和感を覚える人もいたりする。

火葬場は全国に1400施設ほどあり、その多くが地方自治体によって運営されている。「人体解説」は職員の義務ではないが、ほとんどの火葬場では「サービス」として実施しているようである。

葬送事情に詳しく、『火葬後拾骨の東と西』（日本葬送文化学会、2007年）の著者のひとりである二村祐輔《ふたむらゆうすけ》さんにも話を聞いた。

「地方都市では、戦後しばらくまで野焼きをしているところがありました。野焼きが済んだ後は、骨はバラバラの状態です。現在のように、ストレッチャーの上で美しく骨を残した状態で骨揚げする習慣は、そんなに古くはありません。火葬場の職員が、丁寧に拾骨している意思表示として、骨の部位の説明がどことなく始まり、それが全国の火葬場に波及していったのでしょう。東京では民間の火葬場が多いですが、喉仏の解説には特にこだわる傾向があるように思います」

と教えてくれた。

骨揚げは恰好の「情操教育」になる

人体解説をする目的は、いくつかありそうだ。ひとつは、二村さんが指摘するように、火葬場職員が「丁寧に拾骨している」意思表示として、である。

しかし、その説明が裏目に出る場合も。骨がボロボロになっていれば、「骨粗鬆症《こつそしょうしょう》ですね」とか、骨に色が付いていれば「治療薬のせいかもしれませんね（因果関係は不明）」など、プライバシーに立ち入った説明をされた場合、遺族の中には「聞きたくない」という感情が湧くこともあるだろう。拾骨の立ち会いに慣れ過ぎた職員がついつい、部位の説明に饒舌《じょうぜつ》になってしまうケースもあり、そこに違和感を抱く人もいるかもしれない。

骨揚げは「グリーフケア（死別の悲嘆への寄り添い）」としての場でもある。遺族は、肉体が消滅し、変わり果てた故人の遺骨を目の当たりにする。「もはや、生き返ることは完全になくなった」。死を現実のものとして、直視せざるを得なくなる。

職員による人体解説は、死者と生者との間の緩衝材にもなってくれているように、私は思う。だからこそグリーフケア機能を持つ骨揚げにおいて、逆効果になることは避けたい。

そこで、人体解説拒絶派の方々に、少し知っておいていただきたいことがある。

確かに、死後、自分の骨を第三者にジロジロみられて解説されるのはたまったものじゃない、と考える人がいるのは、投書にある通りだ。しかし、火葬場職員のプロ意識にも、思いを巡らせてもらいたいとも思う。

私は過去に何度か、火葬場の取材をした。その光景はいまでも忘れられない。800度以上の温度で焼かれる炉の前での作業は、苛烈を極めていた。遺体は太った人もいれば、痩せている人も、なかには夭折《ようせつ》した子どももいる。職員は真っ赤に燃える炉の中を観察しながら、焼き過ぎて骨がボロボロにならないように、丁寧に焼いてくれているのだ。

たとえば、体調を崩した時、医師の前で服を脱いで聴診器を当てられることに腹をたてる人はあまりいないだろう。それは、医師が病を治してくれるプロであり、患者は医師を信頼して体を委ねているからだ。そういう意味では、火葬場職員は遺体を焼くプロであり、火葬場の空間においては職員に身を委ねるのが「死後のマナー」かもしれない。

そもそも人は、1人では死ねないもの。病院や高齢者施設や自宅で皆に見守られながら息を引き取り、その後は葬儀社の手に委ねられる。宗教者の儀式も入る。葬式の後も、四十九日などの法要を経て墓に納骨される。遺族のみならず多くの他人に身を委ねざるを得ない。

仮に天寿を全うした人ならば、骨揚げは孫やひ孫の教育の場と考えてもらえないだろうか。骨揚げは絶好の情操教育の場であるからだ。

それでもなお、「人体解説をされるのは嫌だ」という人もいるだろう。その場合、生前に遺族にその旨を伝えておきたい。仮に「その時」がきた場合、遺族が骨揚げの際に職員にそっと希望を告げれば、それで済むことである。

「死」は公共性を帯びている。そう考えることも、寛容な社会実現の一歩になることだろう。

だが、その骨揚げの文化も先細っていくかもしれない。身寄りのない人や、墓や供養を求めない人が、火葬場に骨をすべて置いて帰る「0葬《ゼロ》」を選択するケースがある。もっといえば、骨灰を残すことのないように高温で「すべて焼き切る」サービスが火葬場で始まるかもしれない。

未来予想 20 2040年

霊柩車が完全に姿を消す

教養としての「宮型霊柩車の歴史」

仕事柄、霊柩車の後方を車で走らせることがしばしばある。先日、私が導師をつとめた葬儀で、オッと思うことがあった。いまや懐かしの「宮型」の霊柩車が登場したからだ。宮型霊柩車とは、装飾が施された輿《こし》が載っている和風の霊柩車のことだ。

まじまじと車体を観察していたから、葬儀社のスタッフや遺族には変に思われたかもしれない。オーバーな言い方をすれば、生涯最後の宮型霊柩車の目撃になったかも。それだけ宮型霊柩車は都会では見かけなくなっているのだ。宮型だけではない。実は宮型の後を継いだ「洋型」も主流ではなくなりつつある。霊柩車の世界に何が起きているのか。

まず霊柩車の歴史について述べていこう。自動車のない時代は、火葬場や墓場までの遺体の運搬は、地域の人々による葬列「野辺送り」として実施されていた。地域によっては大八車《だいはちぐるま》に輿を載せた「棺車《かんしゃ》」が使用された。これが宮型霊柩車の原型といわれる。

宮型霊柩車が世間一般にお披露目されたのは、早稲田大学の創立者で元総理大臣の大隈重信の葬式だといわれている。1922（大正11）年1月17日、83歳で逝去した大隈重信の国民葬が東京・日比谷公園で執り行われ、30万人もの国民が参列した。

その際、大阪の葬儀会社がその5年前に開発していた宮型霊柩車が登場した。参列者はど肝を抜かれ、その様子は新聞等で大々的に報じられ、関西を中心に霊柩車が普及しだす。車体に重い輿を載せるのだから、その重量に耐えられる車が必要とのことで、戦後はキャデラックやロールスロイスなどの高級輸入車が霊柩車として使用された。

宮型霊柩車は地域ごとに意匠が異なる。最も伝統的な姿を残すと言われるのは名古屋。黒檀《こくたん》を使っており、重厚な趣きがある。

石川県金沢市で使用されているものは蒔絵《まきえ》が施され、実にきらびやかである。富山の霊柩車には驚かされる。車のボディや輿は真っ赤で、日光東照宮のような彫金が施されているド派手な霊柩車だ。山村美紗原作のテレビドラマ「赤い霊柩車」シリーズでも登場して話題になった。

一方で、関東や関西の主流は白木の輿でしっとりと地味な印象だ。だが、白木の霊柩車は贅沢である。陽に焼けるので1年に1回は解体し、宮大工がカンナがけをしなければならないなど、メンテナンスが大変なのだ。

1980年代までは、霊柩車といえば宮型がすべてであった。ところが、昭和天皇の大喪《たいそう》の礼の時、霊柩車文化の節目を迎える。輿ではなく、シンプルな黒い幌《ほろ》を被せた洋型霊柩車が使用されたのだ。さらに1998年、ロックバンドX JAPANのギタリストhideの葬儀でも洋型が使われ、それがテレビのワイドショーで繰り返し流され、いよいよ霊柩車は洋型の時代を迎える。

2010（平成22）年には宮型が1197台、洋型が1398台と逆転。現在、全国で走っている宮型は地方都市を中心に700台前後と言われている。

「不浄なる存在」が果たした役割

なぜ宮型が消えているのか。理由はいくつかあるが、ひとつは維持管理が大変だからだ。改造に特殊な技術を要するだけでなく、車検を通すためのメンテナンスコストがかなりかかる。

また、都市部では火葬場や葬儀場の近くまで、宅地開発が広がってきたことも挙げられる。

東京では、五反田の桐ヶ谷《きりがや》斎場、新宿の落合斎場など住宅地のど真ん中に火葬場が存在する。近隣住民らのクレームを避けるため宮型の出入りを禁止する火葬場も少なくない。さらに、ここ数年は、コストをかけない簡素な葬式が一般化し、霊柩車の世界にも影響を与え始めた。

葬送業界の展示会にいけば、霊柩車の動向がよくわかる。宮型の姿はなく、洋型の展示も少なく、最近ではエコカーや軽自動車を改造した霊柩車が出てきた。これが街を走っていても、霊柩車には見えない。それは野辺送りの文化を継承した伝統的霊柩車というより、ただの遺体の運搬手段にすぎない。

小さい頃、「霊柩車を見たら親指を隠せ。そうでないと親の死目に会えない」と言われたものだ。霊柩車は不浄なる存在として扱われてきた。しかし、裏を返せば、私たちは死を意識する機会に日常的に接していたともいえる。霊柩車との邂逅《かいこう》は、死をハッと意識させてくれるものだった。

自分もいつか霊柩車に乗る日が来る……。「命の限界」への気づきを与えてくれる風景のひとつが消えようとしている。

未来予想21 2035年

「直葬」の割合が過半数に達する

上司の親の葬式に出席する機会がない

弔いのコスパ傾向に拍車がかかっている。

あなたは最近、会社の上司・同僚の親の葬式に出席したことがあるだろうか。

中堅以上の社員であれば、若手の時代に上司の親の訃報を受ければ、受付などの手伝いをしたことがあるのではないか。かくいう私もかつて、上司の親の葬式に何度か参列し、普段は厳格な上司が涙を見せたり、家族を紹介してくれたりして、「部長も人間らしいところがあるんだな」などと驚いたものだ。

しかし、ここ数年はどうだろう。特に東京で働く会社員は、会社がらみの葬式に出ることが、とんとなくなったのではないか。会社の掲示板の訃報通知には、昨今、決まってこんな文言がさらりと添えてある。

「通夜・告別式は近親者のみで行います。香典や供花は謹んでご辞退申し上げます」

こう書かれていれば喪主が、参列者を集めない「家族葬（密葬）」もしくは、葬式を実施しない「直葬」のいずれかを選択したことを意味している。

私は2018（平成30）年、東京都千代田区にある大企業（連結社員数約5500人）の過去3年間の訃報通知をカウントし、解析したことがある。すると、約95％が「家族葬」か「直葬」であった。現在では都心部では「一般葬」はほぼ消滅しているのではないか。確かに、私が現役会社員時代に葬式に参加した最後は2006（平成18）年頃だったように思う。

新聞の訃報欄にも変化がある。やはり、「通夜」および「葬儀・告別式」の日取りや場所が書かれておらず、かわりに「告別式は近親者で行う」との文言が添えられているのだ。

新聞の訃報欄に掲載される故人は国会議員や文化人、大企業のトップなどを経験した著名人である。「公人」ですら、会葬者を集めた葬式をやらないようになっているのだ。支援者が多数存在する政治家までもが、いまでは葬式をやらない。

2022（令和4）年夏に暗殺された安倍晋三元首相も「家族葬」を最初に行い、その後「国葬」という流れであった。

いまの家族葬にあたる密葬は、かつては世間に死の事実を知られたくない場合に行われる「タブーな葬式」であった。何らかの〝事故〟に巻き込まれて亡くなったりするケースなどである。ましてや、直葬を選択する人は、ほとんどいなかった。世間体もあって、葬式はちゃんとしたのである。

弔いの社会基盤もしっかりしていた。地域で、死者が出れば回覧板などでその死を告知するとともに、町内会が葬式を取り仕切ったものだ。慌ただしい遺族に代わって、会社関係、知人らが積極的に手伝いを申し出た。

だが、ここ15年ほどで葬式はがらりと形態を変えた。先の調査のように、東京都心部では家族葬がほぼすべてを占めていると思われる。このような簡素な「閉じられた葬式」はコロナ禍の影響もあり、地方都市にも波及している。

家族葬は割安か？

なぜ、こんな急激に葬送が簡素化しているのだろうか。

要因は長寿化と核家族化、そしてマネーの問題である。長寿化は、それ自体は喜ばしいことだが、施設生活が長引けば、地縁と血縁が分断される。

参考までに、「死亡場所の推移」を紹介しよう。厚生労働省「人口動態調査　令和3年」によれば、1955（昭和30）年には自宅死が77％、病院死が15％であった。それが1976（昭和51）年には自宅死と病院死が逆転。2021（令和3）年では自宅死がわずか17％、病院や高齢者施設で死ぬ割合が81％となっている。

晩年、数年間でも高齢者施設に入れば、その人は地域社会の一員ではなくなってしまう。すると、遺族は地域の人を巻き込んで葬式を執り行うことを躊躇してしまう。

また、費用面を気にして葬式を簡素にする傾向がある。現在、葬送の担い手のコアは50代から60代の中高年世代だ。彼らは両親（80～90歳代）やきょうだい、さらに自分たち夫婦の葬式の準備に大わらわだ。

従来の一般葬の平均費用は150万円程度と言われる。今後、仮に5人の葬式の準備をしなければならないとすると、750万円以上もの費用が必要となる。老後資金が「公的年金以外に2000万円が必要」な時代だ。老後の蓄えに加え、さらに死後の費用を捻出するのは容易ではない。

葬儀社はそうした社会の葬送ニーズに合わせ、安価で簡素な葬式プランを打ち出す。ネットなどで調べれば価格表が出ており、遺族が葬儀業者を比較検討する時代になっている。

では、家族葬や直葬を選べば、本当にコストを抑えられるのだろうか。最近、雑誌の特集で家族葬や直葬が「割安」であるとの記事が目につく。しかし、そこに落とし穴がある。

結論から言うが、最も支出が多くなるのが「家族葬」であり、その次に「直葬」だ。支出をなるべく抑えようと思えば、従来の「一般葬」を選ぶべきだ。いったい、どういうことか。

家族葬、直葬、そして会葬者を集める形式の葬式（一般葬）のコストを試算してみたのでご紹介しよう。

【都内の葬儀会館で家族葬（親族のみ30人程度）をした場合】

祭壇、花、ドライアイス、枕飾り、棺、霊柩車、火葬場までのハイヤー代、霊安室代、遺体安置、葬儀会館利用料などで40万円～80万円＋寺院などへの布施30万円

●支出額70万円～110万円

【都内で直葬をした場合】

一般的な直葬プラン＋遺体安置代（2日間）＋火葬場への僧侶派遣代

●支出額30万円～50万円

【都内の寺院で会葬者150人程度を集めた一般葬をした場合】

祭壇、花、ドライアイス、枕飾り、棺、霊柩車、火葬場までのマイクロバス代、香典返しなどで計100万円～130万円＋寺院などへの布施30万円

支出額130万円～160万円

香典収入　参列者1人平均8000円×150人＝120万円（収入額）

●差し引き支出額10万円～40万円

つまり、家族葬や直葬では、費用が出て行く一方であるのに対し、会葬者を集める一般葬は香典収入が見込め、コストが抑えられる傾向にある。

葬式を華美な祭壇や演出にせず、一般会葬者を広く集めて香典を受け取り、地域の人や会社の同僚らに手伝いに来てもらった上で、レンタルスペース代がかからない菩提寺や自宅で葬式をやれば、場合によっては「黒字」になることも十分ある。

葬式費用を抑える5つのポイント

ここで、葬式の費用を抑えるポイントを整理しておこう。

①地域住民や知人が参列できる一般葬にする

②祭壇などの設備面や、演出などを華美にしない

③ネットで安易に格安業者を選ばない（「安かろう悪かろう」も多い）

④故人の遺志を忠実に守ろうとしない（「散骨にしてほしい」などはコスト高になる可能性も）

⑤遺体の輸送から葬式まで自前でやる

このほか、やや非現実的ではあるが、葬式費用を抑えるにはこういう奥の手もある。

そもそも葬式とは、共助の精神で成り立っている。費用・労力の両方の負担を、地縁血縁で補い合うのが、本来の葬式のあり方なのである。

家族葬や直葬の場合、「死を知らされなかった」「葬式に呼ばれなかった」として、五月雨《さみだれ》式に弔問客から連絡を受けるケースも少なくない。「価格表」だけで家族葬や直葬を選べば、かえって負担が大きくのしかかってしまいかねないのだ。

安易に流行や低価格表示に飛びついてしまわないことが失敗を避ける秘訣であることは、前述の通り。さらに言えば、常に地域や親族と「死」の情報を共有し、いざという時には「困った時はお互い様」の精神で心をこめて故人を送ることが、大切になってくるだろう。

未来予想22　2028年

墓じまいブームが終わる

縁者がいるのに継承しないワケ

「墓じまい」が近年、急増している。本書で折に触れて述べてきたとおり、墓じまいとは、先祖代々、継承されてきた墓を撤去し、遺骨を別の場所の永代供養墓に移したり、海洋散骨したりすることである。

しかし、そこには落とし穴が隠されている。近年の「ブーム」に乗って、安易に墓じまいをしてしまったがために、むしろ金銭的にも精神的にも大きな負担を強いられるケースが出ているのだ。墓じまいをしたいと考える人はいま一度、立ち止まって、冷静に、本項を読んでから判断してほしい。

厚生労働省「衛生行政報告例」によると、最新の調査である2022年度の改葬（事実上の墓じまい）の数は全国で15万1076件。遡って改葬数の変化を見てみると、2016年度では9万7317件、2011年度では7万6662件、2006年度では8万9155件だった。

墓じまいとは、かつては絶家に伴う「無縁化」のことを指した。だが、墓地継承者（縁者）が存在するのに墓じまいする動きが近年目立っている。

墓じまいを希望する人の共通項として概ね、以下の6つが挙げられる。

①墓を承継する子や孫がいない　②お墓の維持にはコストがかかるうえ、管理が大変。子や孫に迷惑をかけたくない　③都会に移り住んでいるため、故郷の墓の管理ができない　④そもそも墓は不要。散骨でいい　⑤菩提寺の住職が気に入らない　⑥墓が急斜面や山腹などの不便な立地にある

それぞれが、最もな理由のようにも思える。

墓じまいには2種類ある。墓が菩提寺にあるか、公共霊園にあるか。より厄介と思われるのは前者、寺院に墓がある場合だ。

菩提寺に先祖代々の墓がある場合、墓じまいと同時に離檀（檀家をやめること）することになる。その際、住職と檀家との間で、「何十万円もの離檀料を請求された」「住職が離檀させてくれない」などのトラブルが報告されている。高額の離檀料を払わなければ、改葬許可証（墓じまいの場合は墓地管理者の同意が必要）にサインしないというのは、人質ならぬ「骨質」を取っているのと同然であり、もってのほかである。

そもそも「離檀料」の法的根拠は存在しないので、仮に菩提寺から非常識な料金を請求された場合は断ってよい。一方で、菩提寺に長年お世話になったお礼として、常識の範囲内（数万円程度）でお布施を包むのは最低限の「マナー」というものだろう。

住職がどうしても離檀を受け入れない場合は、行政書士や弁護士などの代理人を立てるのもよいし、あるいはその寺院の檀家総代（檀家の代表）や、所属する包括宗教法人（寺院が所属する宗派の宗務庁）に苦情申立てしてもよいかもしれない。

このように「⑤菩提寺の住職が気に入らない」場合、明らかに寺院側に問題があり、改善の余地がない場合は、菩提寺からの撤退を考えても致し方ないかもしれない。そのようなトンデモ和尚のいる寺院は早晩、潰れてしまうのがオチだろう。

公共霊園の場合は、墓じまいはこうした面倒なことはない。

「①墓を承継する子や孫がいない」場合は簡単だ。菩提寺住職に相談し、先祖代々の遺骨はその境内にある永代供養塔などに移し、最後に納骨される自分や配偶者も永代供養塔への納骨予約をしておけばよい。

新たな費用が次々発生

墓じまいの典型例は「②お墓の維持にはコストがかかるうえ、管理が大変。子や孫に迷惑をかけたくない」かもしれない。しかし、このコスト重視での墓じまいを考える人こそが結果的に一番、損をすることになる。

そもそも墓にかかるコストとは、年間の管理費（に加えて護持費を設定している寺も多い）と法事の際のお布施だ。管理費は年に1万〜2万円ほどが多い。

管理費の根拠は、常日頃の墓地・境内清掃の人件費や水道代などの固定費を、檀家の頭数で割った数。墓地の管理費を寺院だけで負担するのは不可能なのだ。清掃にかかる費用だけで、小規模な寺院ですら年間100万円以上はかかる。

だが、管理費を取っていながら、墓地の雑草はボーボー、いつもゴミが散乱しているような寺の場合、「管理費を払っているのだから、きちんと清掃してもらいたい」とクレームをつけるべきだろう。

護持費は伽藍の修繕積立金のようなものだ。一般的には管理費・護持費を合わせてもせいぜい2万～3万円だ。お墓の年間コストといえば、これだけである。

法事は1周忌や7回忌、33回忌などそう頻繁にあるものではないし、法事のお布施も払う側が決めればよい（常識的には3万～5万円ほど）。

この年間数万円のコストを「払い続けることはできない」と考え、墓じまいに到る人が出てきているのだ。だが、墓じまいをするというのは、「寝た子を起こす」のと同然である。住職や墓地管理者が改葬許可証にあっさりサインしてくれたからといって、「やれやれ、これで将来的にコストがかからずに済んだ」と考えるのは早計だ。むしろ逆である。

なぜなら、墓じまいを決めた段階で新たな費用が、次々と発生するからだ。

まず、墓じまいのための撥遣式《はつけん》（性根抜き、魂抜き）の儀式と、さらには移動先の墓所の開眼式（性根入れ、魂入れ）をやる必要がある。この代金は、「お布施」であるが、施主の事情で改葬する訳だから儀式1回につき、法事1回分（3万～5万円程度）くらい払うのが常識的な態度だろう。

さらに、古い墓の撤去費用がいる。遺骨を取り出したはよいが、墓石を放置して去ってい

かる。くのは許されない。これは墓石店に払う。その費用は一般的な大きさの墓で30万円ほどはか

無事に菩提寺から遺骨を持ち出せたとしても、手元に残った先祖の骨壺をどうするのか。どこかの永代供養墓を見つけ、改めて納骨するしかないのだ。都会の永代供養墓の場合、1柱あたり50万円以上が相場。複数の骨壺がある場合は、数百万円にものぼる可能性もある。しかも、改葬前の菩提寺同様に、永代供養墓でも年間管理料等が発生するケースも少なくない。

開き直って「墓なんかいらない」と、ゴミとして捨てるのは犯罪である前に、人として許される行為ではない。野山や川に「勝手に散骨」すると「遺骨遺棄罪（3年以下の懲役）」に問われる可能性がある。

遺骨の埋葬は、「墓地、埋葬等に関する法律」（墓埋法）によって、都道府県知事の許可を受けた墓地にしかできないことになっているからだ。つまり、墓じまいして遺骨を取り出したからといっても、霊園指定された場所に埋葬しなければいけないのだ。

責任感が強いがゆえに悩む

「海洋散骨なら大丈夫」という人もいるかもしれない。しかし、やはりコストがかかる。パ

ウダー状に粉骨する費用、船をチャーターして撒く費用など、遺骨の分量によって変わるが最低で数万円、場合によっては数十万円が必要となる。

そもそも、海洋散骨は法律上グレーゾーンであり、また、親族の合意形成がないとトラブルにも発展するケースも少なくないので、より慎重になるべきだ。

つまり「④そもそも墓は不要。散骨でいい」は、自身の信念で散骨するのはよいが、あくまでも親族の合意形成がなされていることが前提となってくる。これは、なかなか面倒臭い。結果的に合意形成できず、折衷案として「分骨」することも多いが、こうなれば散骨と永代供養墓との二重コストとなってしまう。

「手元供養」という手段もある。遺骨を人工ダイヤモンドなどの宝石にしたり、洒落たガラスケースなどに入れて手元に置いておくのだ。しかし、手元供養は安くはない。

インターネットなどで調べてみれば分かるが、1柱あたり数十万円のコストがかかる。愛する配偶者や子どもを先に亡くした場合、ずっと身につけておきたいという心情は理解できないでもないが、それも、遺骨ダイヤモンドの後々の継承のことを考えると、いずれはお墓に埋葬したほうがよい。

一番、コストを抑えたいのなら、自宅の仏壇に骨壺に入れた状態で祀り続ける、という手段はあるにはある。しかし、古いご先祖様の遺骨をずらりと自宅に保管しておくことは、物理的、心的に不衛生でありオススメはできない。

以上、クドクドと述べたが、つまりは墓じまいをした段階で、どうしても「遺骨が彷徨《さまよ》う」ことになるのだ。結果的に改葬にかかる総費用は、1柱あたり最低50万円とみてよい。下手をすれば100万円以上のコストが発生する。

翻って、50万円もの費用が出せるなら、仮に1年に菩提寺に支払う費用を平均2万5000円としても20年間は「そのままでいられる」わけだ。その頃、祭祀継承者はあなたではなく、子や孫の次世代に替わっている可能性が高い。その時、彼らの判断で、墓じまいするかどうかを決めれば良いのではないか。

最後に「③都会に移り住んでいるため、故郷の墓の管理ができない」の場合であるが、このケースは管理費だけを滞ることなく納め、何年かに一度でも墓参りすればよいだけの話だ。それもできなければ、年に一度でも菩提寺に電話で近況報告すればよい。

墓じまいをしたい、と考える人は概して、責任感が強い。自分の代で墓問題を決着させ、次世代にツケを回したくない、と考えているのだろう。

だが、墓問題の結論は「次世代にツケを回せ」。これが、最も賢明な策といえるだろう。

未来予想23　2029年

樹木葬が墓の主流になる

女性を中心に人気が拡大

「未来予想13」でも触れたが、永代供養納骨堂は供給過多気味である。一方、植物に囲まれた墓「樹木葬」の需要が、急拡大している。

10年ほど前までは樹木葬を手がける宗教法人や霊園は、数えるほどであった。しかし、現在では全国で1000か所をゆうに超える。その人気ぶりは、一般的な墓や納骨堂以上だ。樹木葬には、終活に対して思い描く「理想」が、凝縮されている。樹木葬の多くが期限付きの永代供養で、規模と費用が抑えられる。さらに死後の自然回帰を想起させるようなイメージとデザインが、とりわけ女性にウケているとみられる。

「私は10年以上前から樹木葬を手がけてきていますが、肌感覚でいえば、いま新規でお墓を求められる方の３～４割が樹木葬を選んでいらっしゃるのではないでしょうか」

樹木葬の開発や、コンサルティングを手がける株式会社３６６の代表、伊藤照男さんはいう。伊藤さんは、２０２０（令和２）年に同社を立ち上げた。わが国において、樹木葬の動向を最もよく知る人物のひとりである。

３６６は２０２３（令和５）年６月、新たに東京都港区虎ノ門の光円寺に、「森の樹木葬」をオープンさせた。神谷町の駅にも近い都会のど真ん中だが、そこは緑に包まれた静寂の空間が広がる。

シンボルツリーが立ち並び季節の花が咲く区画に、自然石の墓石を配したモダンな設計だ。秋には、色づいた紅葉が楽しめる。この樹木葬の良さは、四季折々で表情が変わること。故人に対する想いと、参拝者の癒しが、墓参りを通じて調和する。

場所が変われば、樹木葬のコンセプトも変わる。台東区谷中《やなか》の長明寺《ちょうみょうじ》で展開する別の樹木葬は、樹齢６００年の大樹の下に設けた個別納骨型。見上げれば覆い被さるような緑と、そこからの木漏れ日が差し込み、鳥のさえずりが聞こえる中でお墓参りができると、利用者に評判だ。

たとえば前述の光円寺の樹木葬は、永代供養料７万円～（納骨料、粉骨料など別途必要）となっている。

このように樹木葬が、墓の主流になりつつある。日本最大級のお墓探しサイト「いいお墓」によれば、2024（令和6）年9月現在の掲載霊園数は全国で1万1315か所。検索キーワードを「樹木葬」と入れて絞り込むと、うち1325か所がヒットした。

先述の伊藤氏によれば、同サイトにおける2013（平成25）年時点の樹木葬登録数は、全国でも数か所程度で、東京23区内では2か所のみの運営だったという。だが、この10年ほどで新規設置が急増。現在では全霊園の1割強が、樹木葬に置き換わっており、その人気はますます拡大していきそうだ。

データも裏付ける。供養・終活に関する情報を提供する鎌倉新書の調査（2023年、「いいお墓」経由での墓購入者を対象、有効回答数660）によれば、「購入したお墓の種類」では「樹木葬」が51・8％、「納骨堂」が20・2％、「一般墓」が19・1％、「その他（手元供養など）」が8・9％という結果となった。調査以来、初めて樹木葬が過半数を超えた。

なお、本調査では樹木葬の平均購入金額を出しており、66万9000円となっている。なお、納骨堂は77万6000円、一般墓は152万4000円である。葬送にかけるコストを抑える傾向にある昨今、樹木葬価格の手ごろ感も、需要を支える大きな要素といえる。

横浜市健康福祉局が２０２２（令和４）年に実施したアンケート（20歳以上の横浜市内在住者、有効回答数１８２２）でも、「樹木葬」へのニーズの高まりを知ることができる。「取得するのに望ましいタイプの墓」として、「芝生にプレートを設置した、個々に区画されたお墓」（25・７％）が最も多い。次いで「墓石を使った、個々に区画されたお墓（一般墓）」と「樹木を墓標に見立て、遺骨は骨壺ごと土に埋める共同墓」が同率の18・８％となった。欧米の墓地で主流の、「芝生型〈樹木葬〉」が日本でも支持を集めつつあるようだ。いずれにしても、植物に包まれる「有機的な墓」が、近年、好まれていることがわかる。

地域それぞれの特色を活かした葬法

この樹木葬の多くが、「永代供養」の形態をとる。永代供養とは「イエ」単位で墓を継承していく従来型の区画墓（一般墓）とは異なり、「個人」を対象として墓地管理者が供養してくれるタイプの墓（永代供養の定義はさまざま）のことだ。

この永代供養墓の中でも、需要を集めているのが「当初は骨壺（や、納骨袋）で納骨するが、一定期間が過ぎたら合祀される期限付きの墓」だ。永代供養の期限は、埋葬されてから13年間（十三回忌を節目とする）や33年間（同三十三回忌）が多い。「永久に」供養されるタイプのものは、どちらかといえば少数である。

先の伊藤氏は、樹木葬のトレンドの本質は、この「永代供養」にあると分析する。「おひとりさま」や、イエで墓を護持していくことを望まない人にとって、最終的に合葬される樹木葬は、安心を得られる埋葬法だからだ。

「現在、生前のお墓の購入比率は5割ほどで、この割合は高まっていくとみています。対して、先祖代々の墓を継承していく従来型の家墓は徐々に減っていくでしょう。近年、巻き起こっている終活ブームは、自分の意志で自分の墓（永代供養墓）を決めるということ。こうした動きは、首都圏から地方へと順に広がりをみせています。その中心にいるのは女性です。樹木葬という、言葉やイメージから入る印象がポジティブだから、終活に意欲をみせる女性たちにウケているということなのかもしれません」（伊藤氏）

ここで樹木葬の歴史を振り返ってみよう。実は、樹木葬の歴史は、筆者が調査した限りではあるが、江戸時代中期に遡る。松尾芭蕉の門人で、伊賀上野藩士の岡本苔蘇《たいそ》が樹木葬の最初とみられる。

岡本苔蘇は、遺言で「墓石はいらぬ。椿のみを植えて墓標にしてくれ」と言い残し、17

09（宝永6）年、臨済宗大徳寺派の妙華禅寺（三重県伊賀市）の境内の一角に、侘助椿《わびすけつばき》の樹の下に葬られた。

無機質な石塔の墓を敬遠し、樹木を墓標にしたいと願ったのは、風流を好んだ俳人らしい選択といえる。この苔蘇の侘助椿の墓はいまなお、管理し続けられている。

苔蘇の樹木葬の例はさておき、近年における樹木葬の最初は、臨済宗の知勝院《ちしょういん》である。同院は1999（平成11）年、岩手県一関《いちのせき》市に荒廃した里山を買い取って樹木葬を始めた。霊園の面積は約2万7000㎡と広大で、「花に生まれ変わる仏たち」がコンセプトになっている。

ここでは、墓石やカロート（骨壺）などの人工物は一切使用していないのが特徴だ。遺骨は山肌に穴を掘って埋め、その上に墓石の代わりとなるヤマツツジやエゾアジサイなどの低木を植樹する。遺骨はいずれ自然と同化していく仕組み。

この自然回帰傾向が強いタイプの樹木葬を「里山型樹木葬」ともいう。里山型は、山の斜面など足場が悪い立地が多いのが難点ではある。

里山型のユニークな例では、島根県隠岐《おき》を形成する無人島カズラ島（海士町《あまちょう》）に散骨する「カズラ島自然散骨」がある。これは、東京都の戸田葬祭場のグループ会社が手がけるサービスだ。「国立公園内にあって、開発の手が入らず、永遠の静けさが約束された究極の埋葬法」

としている。

カズラ島での樹木葬は、地域創生の観点でも注目されている。海士町議会では、島全体を散骨の場にすることに合意。過疎にあえぐ島に、散骨や参拝を通じて「関係人口（地域と多様に関わるよそ者のこと）」を増やしていきたい考えだ。

2022（令和4）年に誕生し、爆発的人気の樹木葬が、福岡県糟屋郡《かすやぐん》新宮町《しんぐうまち》の「古墳型永久供養墓」だ。全長53メートル、地上高3・5メートルの前方後円墳型。埴輪も置かれている。古代の古墳のように中央部の石室に納骨するのではなく、それぞれに区画を設けて、その下の納骨室に骨壺を納める形式だ。

こちらは無期限（永久）の供養となっている。「樹木葬」とはうたっていないものの、先に説明した「芝生型」だ。時間を経て樹木が育てば、本物の古墳のように森になっていくことだろう。

樹木葬といっても、多種多様なのだ。北海道ならハーブやラベンダーの樹木葬、湿気の多い京都であれば苔でできた樹木葬などもすでに存在する。今後も、各地の植生を生かしたユニークな樹木葬が次々と、登場していくことだろう。

未来予想 24
2034年

「お布施」が有名無実に

布施はサービスの「対価」ではない

人々の「お布施」にたいするコスト意識が高まっている。

葬儀や法事の際に発生するお布施の相場感は、かつては地域社会（ムラ）や親族間（イエ）による「暗黙知」で決まっていた。

だが、「個の社会化」が進むと同時に、さまざまなネット情報が氾濫。寺に対して「相場がよく分からない」「布施金額を教えてほしい」などと困惑の声を上げる人は少なくない。なかには布施をめぐって菩提寺とトラブルが生じるケースも起きている。

お布施のあり方が過渡期にある。そこで私が参加する仏教セミナー「Ｚｏｏｍ安居《あんご》」では、「お布施」に関する意識調査を実施した。アンケートは僧侶・一般人の両面で行った。お布施に特化した意識調査は、過去にあまり例がない。アンケートからは、僧侶側と一般人との意識の乖離《かいり》がみられた。有効回答数は僧侶が203人、一般人が208人だった。

最初に、「お布施の金額を明示」することの是非についてのアンケート結果を紹介する。結果をみる前に「布施とは何か」を説明したい。布施は仏道修行においてなされる無欲の施しをさす。金銭だけではなく、衣服や食事などを僧侶に施すことも含まれる。

一方で、僧侶は「施しを受ける」だけではなく、人々に「布施」をしなければならない。それは儀式を行い、仏法を説き、不安を取り除くということ。あくまでも布施は「対価」ではない。僧侶と人々による双方向の「喜捨（喜んで差し出す）」であることが大前提だ。

従って、「お布施の金額を明示することに賛成か」という設問自体が、仏教でいう布施の教えから逸脱している。繰り返すが、布施は「サービスの対価」ではないからだ。だが、今回はそれを承知の上で、現代日本の「葬送の慣習と実態」に添って質問を作成したことをお断りしておきたい。

金額より大事な「寺檀の信頼関係」

前置きが長くなったが、さっそくアンケート結果をみてみよう。

◆設問◆「あなたはお布施の金額を明示する（される）ことに賛成ですか」

【僧侶向けアンケート】

はい　26・6％

いいえ　33％

どちらでもない　40・4％

【一般向けアンケート】

大賛成　21・6％

どちらかといえば賛成　47・1％

どちらでもない　20・2％

どちらかといえば反対　7・7％

断固として反対　3・4％

僧侶の回答を見ると、意見が真っ二つに割れていることが窺える。僧侶は本来の布施の趣旨を理解しているはずである。だが、実際の葬送の現場では檀信徒から「お布施の金額を教えてほしい」と懇願されることが少なくない。僧侶が布施の原理原則を頑《かたく》なに守って、金額の明示を拒絶した場合、トラブルも発生しかねない。

ある僧侶は言う。「(最初は)お気持ちで、と相手に委ねていましたが、本音を聞くと教えてもらったほうがありがたいという意見が圧倒的に多く、『目安として○〜○円です』と伝えています」

このような実情を裏付けるように、一般人の意見は、7割近くが布施金額を明示することに賛同している。反対は1割程度である。これは明示、非明示、どちらが正しいということではない。

ひとついえることは、僧侶は金銭の多寡にかかわらず、常に同じように葬儀を執行しなければならないということ。同時に葬儀や法事を依頼する側も、「節度」が必要だ。

大事なのは、お寺と檀家の間でコミュニケーションが図られ、信頼関係が構築できているかどうか。寺檀関係が崩壊していれば、すべてにおいて「不満」ということになるだろう。

布施の問題が昨今浮上してきているのは、社会構造の変化と、ネット社会が大きく影響している。戦後高度成長期、バブル期あたりまではまだ、日本にはイエやムラの概念が強く根付いていた。特に葬送儀礼は地域を挙げて行い、ほとんどの親族が関わった。そのため「布施の相場感」は暗黙知として分かっており、菩提寺に聞くまでもなかったのだ。

また、バブル期までは檀家が裕福であり、「世間体」も相まって菩提寺に多額の布施をすることが多かった。なかには「院号」「居士」「大姉」といった位の高い戒名を希望し、そこに多額の金銭が発生することも起きていた。戦後成熟期における資本の論理に、良くも悪くも日本の仏教界がどっぷり飲み込まれてしまったのだ。

そこにネット社会がやってきた。布施相場を検索すれば、葬儀社などの情報サイトから目安となる金額が表示される。だが、それも基本は東京都の布施相場であり、地域によってはまったく参考にならない（ネットの布施相場は高額傾向にある）。ネット情報がかえって、混乱を生じさせている側面は否めない。

「1件あたり30万円」は妥当か

では、日本におけるお寺への布施相場はどれほどなのか。興味深いアンケート結果が出た。まずは、実態から紹介する。

設問「あなたが過去に受け取った葬式一式（枕経、通夜、葬儀、戒名）のお布施平均額はどれくらいですか（感覚値で）」

【僧侶向けアンケート】

5万～10万円未満	6・9%
10万～15万円未満	3・4%
15万～20万円未満	19・2%
20万～30万円未満	33%
30万～40万円未満	17・2%
40万～50万円未満	10・8%
50万～100万円未満	7・9%
100万円以上	1・5%

回答にバラつきがあるのは、布施の相場感は地域（あるいは僧侶、宗派）によって大きく異なるからである。たとえば沖縄県では葬式一式の布施額は5万～8万円と全国で最も低い水準だ。山陰地方もアンケートの回答項目の「5万～10万円未満」に該当する範囲内である。他

方、東京都では沖縄の5〜10倍か、あるいはそれ以上の水準である。断っておくが、布施を多くもらっている都市部の僧侶は堕落し、地方の僧侶が清貧、いうことでは決してない。

しかしながら布施の平均額が「50万円以上」が、およそ1割を占めているのが驚きである。さすがに、世間一般の金銭感覚からは逸脱した額であろう。本当に檀信徒の理解は得られているのだろうか。

では、僧侶と一般人の金銭感覚の差異についてみていきたい。布施を受ける側と渡す側の「尺度＝金銭感覚」が同等であれば、問題は生じにくいはずである。

設問「葬式一式（枕経、通夜、葬儀、戒名）のお布施はいくらが妥当と思いますか」

【僧侶向けアンケート】

5万〜10万円未満	3・4％
10万〜15万円未満	5・9％
15万〜20万円未満	12・8％
20万〜30万円未満	32％
30万〜40万円未満	10・3％

40万〜50万円未満　7・9%
50万〜100万円未満　6・9%
100万円以上　0%
その他　20・8%

【一般向けアンケート】

5万円未満　10・1%
5万〜10万円未満　18・7%
10万〜15万円未満　12・5%
15万〜20万円未満　15・4%
20万〜30万円未満　14・9%
30万〜40万円未満　6・3%
40万〜50万円未満　3・8%
50万〜100万円未満　3・8%
100万円以上　0・5%

その他　14％

僧侶が妥当と考える布施金額で、分布域が最も大きいのが20万〜30万円。他方、払う側はこの額よりも5万〜10万円低い金額が妥当と考えている。葬儀の布施の妥当額を「30万円以上」と考える割合が、僧侶が25・1％だったのに対し、一般人は14・4％。かなりの開きがある。この意識の乖離が、寺檀間のトラブルの要因になっている可能性がある。

「法要が苦痛になる」一般人の声

本調査である僧侶は、「私の寺の場合、葬儀は年間平均15件前後です。お寺の会計決算が赤字にならない1件あたりの額は30万円。そういう意味で、当寺の場合は30万以上が妥当と思います」と回答した。

一般の方の意見（一部を紹介）はこうだ。

「お寺の経営状況をもっとオープンにしてもいいのではないか。そうすればお布施の必要性、今後の在り方が一般人にも明確になるのではないでしょうか」

「（日本は）日々積極的に托鉢《たくはつ》に応じる国ではないので、まとめてお布施をお渡しするのにあまり抵抗がない」

このように比較的、寺院運営にも理解を示す人が一定数いる一方で、辛辣な意見もあった。

「先日、親の葬儀でものすごい金額のお布施をした。落ち着いてみると、坊主丸儲けという言葉はまんざら嘘でもないという気がしている。来てくださった僧侶の方はとても立派な方だったと思うし、心の底から感謝している。しかし、それにしても、金額が高すぎて（大卒初任給の2か月分ほどかと）、自分の葬儀の時は子どもに払えとは言えない」

「お通夜、葬儀のあとは初七日法要、四十九日、お彼岸、初盆、一周忌、三回忌、それが来るたびにお布施。凄く苦しかったです。お金さえあればたくさんお包みできました。最低限しかお布施できなくてどんどん肩身が狭くなっていきました。そうなると法要が苦痛でしかなくなります。徳を積む＝高額のお布施？」

アンケートの自由回答では「戒名次第で布施金額が変わる」と述べた僧侶が複数いた。つまり、「院号」「居士」「大姉」などを授与した場合、別途、布施が必要ということだ。

時代の変化とともに戒名不要論が噴出している。戒名の将来について、次項に詳しく述べていく。

未来予想
25
2034年

「戒名」がなくなる

人生における「最後の通過儀礼」のはずだが

戒名不要論が、広がってきている。戒名とは、仏門に帰依した者に付けられる名のこと。現在では死後に与えられることが通例になっている。戒名を高額で「販売」する寺も出てきて、トラブルを招く事態にも。また、「ジェンダーレス」の時代において、男女の区別がある戒名を望まない人々が出現（「未来予想4」）。「俗名のままでよい」とする事例も増えている。

戒名制度は、いまの時代にどうあるべきなのか。千年以上の歴史を有する戒名が、いま岐路に立っている。

戒名は、その起源や定義、付け方などは宗派や地域によって異なるので、一概にはいえない。古くは生前、仏門に帰依した証として、僧侶が授けていた。現在では菩提寺の住職が討報を受けると、急いで考案し、枕経や通夜で授与することがほとんどである。

戒名授与は人生における「最後の通過儀礼」として、極めて重要な役割を果たしている。しかし、その運用をめぐって、人々の意識との間に乖離が起きていることは否めない。

ひとつは、戒名に「グレード（階級）」があることが、問題を生じさせている。

一般的に戒名は、字数の多さに比例して、グレードが上がると思われているようだ。しかし、浄土真宗系宗派に限っては「釋○○」と、3字の法名（浄土真宗では戒名とは呼ばない）が通例で、男女の別もない。本項では浄土真宗以外の宗派の戒名について述べる。

まず、戒名の構造を説明しよう。戒名の基本形は2字だ。その下に位号と呼ばれる「信士・信女」「居士・大姉」などが付けられる。中世以降、支配階級や僧侶によって戒名の字数が増やされていく。貴族や武士、あるいはその夫人らに対して、「院」「院殿《いんでん》」「誉《よ》」「大居士《だいこじ》」「清《せい》大姉」などの格式の高い戒名が与えられた。

たとえば、徳川家康の戒名を例にして、解説してみる。家康の戒名は「安国院殿徳蓮社崇誉道和大居士」だ。いかにも格が高そうだが、先ほど述べたように本来の戒名の部分は「道和」の2文字である。

「院殿」は、位階で「従三位」以上の大名に与えられる特別な称号だ。「蓮社《れんじゃ》」は、現在では浄土宗僧侶に付けられるものであり、家康が浄土宗の念仏信者であったことを示している。「誉」は、五重相伝《ごじゅうそうでん》という儀式を受けた者に与えられる。

ほかの武将の戒名をみれば、織田信長は「総見院殿贈大相国一品泰巌大居士」、豊臣秀吉は「国泰祐松院殿霊山俊龍大居士」である。

ちなみに明智光秀は「秀岳宗光禅定門」（他にも多数あり）、石田三成は「江東院正軸因公大禅定門」と、位号が「禅定門」となっている。

禅定門（尼）は主に、関西で使われる戒名だ。「居士（大姉）」に準じる、もしくはその下位にあたる戒名とされる。天下人と、権力闘争に敗れた者の差が、死後の格差となって現れている。

近年では、非業の死を遂げた安倍晋三元首相は「紫雲院殿政誉清浄晋寿大居士」と付けられた。いまは武家社会ではないので、「院殿」は用いられないのが本来だ。だが、安倍氏に与えられた位階が「従一位」であったことで、「将軍並み」の戒名になったのかもしれない。

2022（令和4）年に亡くなった石原慎太郎元都知事（位階は正三位）の戒名は、「海陽院文政慎栄居士」だ。「院殿」は付いていないが、海と太陽をイメージし、さらに文学と政治の要素が盛り込まれた石原氏らしい戒名といえる。

「うんこくさい」を戒名にした有名人

著名人の戒名は、石原氏のような「○○院○○○○居士（女性の場合は大姉）」のパターンが多い。昭和に活躍した著名人の例を挙げてみよう。（敬称略）

石原裕次郎「陽光院天真寛裕大居士」
美空ひばり「茲唱院美空日和清大姉」
坂本九「天真院九心玄聲居士」

著名人の中にはユニークな戒名もある。

大島渚氏は「大喝無量居士」。大島氏はかつて、テレビ討論番組で「バカヤロー」などと、大声で相手を叱責することが少なくなかった。作家の野坂昭如《あきゆき》氏とパーティの席上で殴り合いの喧嘩をしたことも、よく知られたエピソードだ。大島氏とやりあった野坂氏のほうは「戒名などいらない」とし、付けられていない。

遺言によって戒名を拒否したのは、ほかにも実業家の白洲次郎氏、俳優の渥美清氏らがいる。

落語家の立川談志氏は生前に自ら、戒名を付けていた。「立川雲黒斎家元勝手居士」。読み方は「たてかわ・うんこくさい・いえもと・かって・こじ」。「うんこくさい」との、自虐的な戒名は一見、型破りで異色の戒名のように思えるが、割と多い。

しかしながら、通常は戒名に用いられる字は、経典の中の言葉や、花鳥風月を連想するもの、故人の趣味や性格、さらには俗名などから、バランスよく選ばれるべきである。したがって、住職には言葉選びのセンスが問われることはもちろん、生前戒名の場合には本人、あるいは遺族には「その戒名を付けた意味」を説明する義務がある。

その上で「戒名料」を取るのは、是か、非か、を論じたい。

複数の葬祭業のホームページをみると、宗派・ランク別の戒名が書かれ、「戒名代」の目安が記されている。あるサイトだと、「居士・大姉の目安が30～80万円」「院居士・院大姉の目安が100万円～」とある。

また別の寺のサイトでは「院号居士が推定60万円」「院号大居士が推定200万円」「院殿大居士が推定500万円」などとある。

これらをみると、戒名がグレードごとに「販売」されている実態がよくわかる。しかし、「目安」や「万円～」「推定」などが添えられているのをみても、戒名料には明確な基準がないことがわかる。

庶民に「院殿大居士」などの戒名が付けられたとしても、あまりにアンバランスだ。だが、カネさえ払えばそうした位の高い戒名が得られているのが実状である。

住職のほうから、「先祖代々の戒名には院・居士がついているから、今回も同等の戒名をつける。その際のお布施は○○万円」などと、半ば強制的にグレードの高い戒名を要求するケースもあると聞く。半世紀ほど前であれば、高位の戒名がもらえることは名誉であったかもしれないが、現代では戒名にこだわらない人のほうが多いのではないか。

戒名料のバブルはなぜ起きたか

なぜ、戒名が切り売りされているのか。理由のひとつに、かつてバブル期に芸能人の戒名が高額で取り引きされ、その金額が報じられたことで、「戒名の販売」が一般化したことが挙げられる。

タレントが亡くなった際に、芸能プロダクション側が「戒名料は高くてもよいので、最高ランクの戒名をつけてほしい」などと大寺院に申し出るケースだ。あるいは、著名人や政治家の死亡時に、寺院側が〝忖度《そんたく》〟して過剰に高い位の戒名をつけてしまうケースもある。

ここで、あえて言いたい。戒名は、販売対象では決してないということ。ネットなどで戒名の料金を明示することも、やってはいけないことだ。

なぜなら「院」や「居士」は、信仰に篤く特別な儀式を受けた信者や、長きにわたって寺を護持してきた檀家に対して付けられるものであるからだ。したがって、菩提寺と関係性のない者に対して、「戒名を売る」という行為自体が間違っている。住職も仮に檀信徒から高位の戒名を頼まれたとしても、多額の布施と引き換え、ということは慎むべきだ。

それに、院号居士がついた戒名だからといって、「死後の扱い」が優遇されるわけでもあるまい。

著名人への「戒名販売」が、なし崩し的に庶民の世界に広がり、恒常化していった面は否めない。戒名自体は必要なものかもしれないが、戒名に「差」をつけたことで弊害が生まれた。平等や寛容、慈悲をとなえる仏教にあって、仏法と矛盾した戒名の階級をなくすことを、検討する時期にきているのではないか。

本来、戒名は故人と遺された者、あるいは菩提寺とを結びつける、有益なコミュニケーションツールでもある。しかし、現場の寺院での運用が適切ではないがゆえに、さまざまな軋《あつ》轢《れき》を生む元にもなっている。仮に戒名の習わしを継続させるとしても、高額で販売するなどもってのほか。宗門は末寺に対する指導を徹底するとともに、仏教界は現代社会に対応した柔軟な戒名の運用を考えていくべきだ。

第5章

未来の寺院をどうつくるか

未来予想

26

2033年

仏教版SDGsが発足

仏教の平等思想そのもの

近年、しばしば仏教とSDGsの関係性が話題に上がる。

SDGsとは、2015(平成27)年に開かれた国連サミットで採択された、17のゴールと169のターゲットからなる「持続可能な開発目標」のこと。都会では17色のリングバッジをつけたビジネスパーソンをよく見かけるが、このバッジを袈裟に付けて活動する僧侶も少なくない。

SDGsの目標例を挙げれば「(1)貧困をなくそう」「(3)すべての人に健康と福祉を」「(10)人や国の不平等をなくそう」「(16)平和と公正をすべての人に」など。共通の理念として「誰一人取り残さない」ことを宣言している。

ＳＤＧｓの活動に積極的な政治家や企業人などが増えてきているが、仏教界ほどＳＤＧｓと親和性が高い組織はないと思う。「誰一人取り残さない」は、仏教の平等思想そのもの。先に挙げた項目はもちろん、すべての目標について、仏教の教えや活動が関係している。

たとえば、「(1) 貧困をなくそう」や「(2) 飢餓をゼロに」。

歴史を遡れば、奈良時代の遊行僧《ゆぎょうそう》、行基《ぎょうき》は貧しい人々に対して、宿舎と食料を提供するための「布施屋」をつくった。当時、僧侶は寺に籠って国家の安寧を祈るための存在であり、慈善活動は禁止されていた。しかし、行基は「外」に出て人々に寄り添った。

宗派を超えた「仏教の輪」が待たれる

こうした気骨ある奉仕精神は、いまの若き僧侶たちにも受け継がれ、多くの成果を挙げている。たとえば、「お供え」を経済的困難な家庭に再分配する「おてらおやつクラブ」（２０１８年度グッドデザイン大賞受賞）や、ホームレス状態の人に食料などの支援をする「ひとさじの会」、あるいは各地の寺院における「子ども食堂」などの活動である。

「(4) 質の高い教育をみんなに」に関しては、40年以上も前から「シャンティ国際ボランティア会（ＳＶＡ）」が実践してきた。

SVAは国際的ボランティア活動の元祖とも呼ばれる。アジアの難民キャンプなどを舞台に、これまで1500棟以上の学校や図書館を建設。SVAが提供してきた教育インフラを通じて貧困から脱した子どもたちは数知れない。

こうした慈善活動に、能動的には参画していない寺院だって、SDGsの多くの部分に貢献している。「(13)気候変動に具体的な対策を」や、「(15)陸の豊かさも守ろう」は、お寺の存在そのものが地域の環境保全に寄与しているといえる。「未来予想3」で述べたように、寺院は全国に約7万7000か寺あり、「緑の空間(鎮守の杜)」が存在する。鎮守の杜は過度な都市開発の歯止めになると同時に、二酸化炭素を吸収する役割を果たしている。

その寺院空間では祈りや供養を通じた「集い」を提供している。したがって、お寺は「(11)住み続けられるまちづくりを」の中心的存在として機能していることになる。仮に日本にお寺が存在しなかった場合、人間が人間らしく、文化的に過ごすことは困難ではないだろうか。

私がSDGsをテーマにしたあるシンポジウムに出席した時、「ひょっとして仏教はSDGsそのものでは」と言われて、少し落胆した。なぜなら、「SDGsといえば仏教」くらいの存在感が既にあって然るべきと考えていたからだ。

ＳＤＧｓは国家を超えた取り組みだが、日本の仏教は横のつながりが弱いのがネックだ。「(17) パートナーシップで目標を達成しよう」が今後の課題だ。

日本の仏教は多くの宗派に分かれすぎており、横の連携が乏しい。そこで、宗派を超えた地域仏教界の輪をもっと広げられないかと思う。

いまこそ、仏教界が一致団結して「仏教版ＳＤＧｓ」を推進していきたいものだ。

次項では、「(11) 住み続けられるまちづくりを」の象徴ともいえる寺院の取り組みを紹介したい。

未来予想
27
2040年

地方創生の切り札「寺院再生モデル」が各地で発足

1株のあじさいが「世界の絶景地」に

「地方消滅」の筆頭格に挙げられている秋田県男鹿《おが》市だが、ある寺院の地道な試みによって再生の光が灯り始めた。

火付け人は男鹿半島の漁村にある曹洞宗寺院の副住職。境内にあった1株の青いあじさいの株分けを20年間延々と続けた結果、えも言われぬ景観を作り上げた。SNSなどで瞬く間に広まり、「死ぬまでに行きたい！　世界の絶景地」のひとつに挙げられるようになった。

近年ではシーズン中で5万人以上の参拝客が訪れ、寺だけではなく男鹿半島全域が再生し始めた。地方創生のあるべき姿をみた。

「泣く子はいねがー」。なまはげの伝統行事で知られる男鹿半島男鹿市。国内でも、特に激しい人口減少に喘ぐ自治体である。市内の随所になまはげの立像を置くなどして、なんとか観光誘致に結びつけようとしているが現実は厳しい。

２０１４（平成26）年、日本創成会議（座長・増田寛也《ひろや》氏）が発表した報告書「地方消滅」は衝撃だった。同レポートでは、２０４０（令和22）年までに８９６市町村が消滅する可能性があるとしている。

なかでも秋田県は、極めて深刻な数字が示された。県内にある市町村の95％が「消えてなくなる」というのだ。理由は、出産適齢期（20～39歳）の女性の減少である。秋田県の全域で、２０１０（平成22）年からの30年間で50％以上の女性が減少するとの試算がなされている。

特に男鹿市は74・６％減という県内最悪の減少率だ。２０２０（令和２）年の男鹿市の人口は２万６８８６人だが、国立社会保障・人口問題研究所の推計では、このまま対策を講じなければ２０４０年には１万２７８４人にまで半減してしまうという。

こうした状況に危機感を抱き、生き残りをかけて行動を起こした地元の僧侶がいた。男鹿半島の北部、北浦地区にある曹洞宗雲昌寺《うんしょうじ》副住職の古仲宗雲《こなかしゅううん》さんだ。

雲昌寺がある北浦地区は、かつてはハタハタ漁で栄えた漁村だ。だが、不漁と漁業従事者の高齢化と後継者不足によって近年の漁獲高は往時の20分の1以下に。人口流出は止まらず、地域経済は疲弊し切っている。

北浦地区は男鹿半島の集落の中では最も人口の多い集落であったが、2022（令和4）年度はついに小学校の入学者がゼロになった。

雲昌寺の檀家数も、ここ半世紀ほどは減少の一途を辿っていた。観光客を呼び寄せられるような「売り」のある寺でもなかった。

古仲さんが危機感を募らせていた2002（平成14）年6月のこと。境内に植えてあった1株の青いあじさいの花がふと、目についた。

「パチンと切って、生花にして部屋に飾って眺めていると夜、ライトの光を浴びて青色が輝いてみえたのです。これを増やしていけば、お檀家さんや地域の方に喜んでもらえるのではないか」

そう考えた古仲さんの、地道な株分け・挿木《さしき》作業が始まった。

2000坪ほどある雲昌寺には庭園らしい庭園はなく、山門から本堂までは梅と杉の林が広がっていた。思い切って梅と杉の木を伐採。他の品種や別の色のあじさいを新たに植えることはせず、この青のあじさいだけに特化して延々と株分けを続けることにした。

お守りからフォトウェディングまで

10年ほどが経過し、ねずみ算式にあじさいが増え始めると、地元紙などが取り上げ始めた。すると、少しずつ地元民が訪ねてくるようになった。

さらに、古仲さんは株分けを続けていく。そして、最初の株分けからおよそ15年が経過。境内全域は青のあじさいで埋め尽くされた。お参りの人は年々倍増し、路上駐車問題が発生し始めるほどに。

２０１８（平成30）年、古仲さんは問題解決のため有料拝観に踏み切る。シーズン中は５００円（最盛期の土日は８００円）、夜間特別拝観（ライトアップ）は１０００円（最盛期の週末は１３００円）とした。同時に「あじさいお守り」「あじさい御朱印」などの物販のほか「フォトウェディング」も始めた。

初年は４万人の参拝客を記録。翌２０１９（令和元）年は5万３０００人となった。秋田空港との定期便で結ばれている台湾からの客も相次いだ。

集落の高台にある立地も幸いした。青のあじさい畑の向こうに日本海が見える絶景となった。とあるインフルエンサーが運営する「死ぬまでに行きたい！　世界の絶景」の２０１７（平成29）年国内ベスト絶景にも選ばれ、ＳＮＳなどを通じて噂は瞬く間に広まっていった。

それまで檀家相手の仏事だけに頼っていた寺は、拝観料や物販に加え、フォトウェディングなどの収入源が生まれた。「寺院消滅」の危機に瀕していた寺は、一転して「寺院再生」のモデル寺院となった。

突如として出現した男鹿半島の新名所。地元への経済波及効果も絶大だった。たとえば、男鹿半島の突端の入道崎《にゅうどうざき》には、土産店や飲食店が５軒あるが、雲昌寺のあじさいシーズン中の売上げは１店舗あたり数百万円ほど増えたという。

地元の男鹿温泉に宿泊した客には、開門前の朝の特別拝観を実施する試みも始めた。２０２０（令和２）年夏シーズンには、大型バス２００台以上の予約が入っていた。雲昌寺を軸にして、地域創生の芽が出始めた。

しかし、２０２０年春以降はコロナ禍が到来。団体客のキャンセルが相次いだ。それでもコロナ初年にあたる２０２０年夏でも３万人、翌２０２１（令和３）年には３万７０００人が寺を訪れた。

京都や奈良、鎌倉の観光寺院では、設備投資や人件費などの固定費が経営を圧迫するケースも聞く。たとえば奈良の法隆寺では、維持費を捻出するためにクラウドファンディングを実施したこともある。

だが、雲昌寺はそもそも大きな投資はしていないのでリスクは小さい。あじさいの株分け・挿木はさほど費用がかからない。ただ、地道に株を増やしていっただけのことである。

あじさいで有名な寺は、京都の三室戸寺《みむろとじ》や鎌倉の長谷寺《はせでら》、明月院などさまざまある。

境内一面に青のあじさいが咲く雲昌寺

筆者も多くのあじさい寺を訪れている。それぞれが、それなりに美しい。しかし、雲昌寺は他のあじさい寺とは一線を画す、感動の景色である。特に夜間ライトアップはブルーのＬＥＤライトに照らされ、幻想的な世界が広がる。まさに、「見ずには死ねない景色」といえる。そこには、疲弊した地方の再生の灯火《ともしび》をみることができる。

雲昌寺の花を使った寺院・地方再生モデルは他の地域でも、真似る価値は十分ある。いや、これこそが地方創生の「唯一の手段」と言っても過言ではないと思う。

ジューンブライドシーズンにぴったりの寺

あじさいの青色が濃くなり始めた初夏のこと。ひと組のカップルが応接間に入ってきた。続いて、大きな衣装ケースが運び込まれてきた。「雲海のような青あじさい」を背景にして、「フォトウエディング」をしようというのだ。古仲さんはいう。

「フォトウェディングを始めた当初2年間の成約はワンシーズンに数組程度でした。しかし、コロナ禍になってぐっと需要が拡大しました。人を集めて宴会場で結婚式ができない状態の中、カップルたちが満足できる結婚式を、とプランを探し回った末に、雲昌寺のフォトウエディングに行き着いたという訳です」

確かに、絶景のみえる広い屋外でふたりだけのセレモニーができるのは魅力的だ。

イギリスの童謡『マザーグース』には、「結婚式でサムシング・フォー(something four＝何か4つのアイテム)を身につけると幸せな結婚生活が送れる」との一節がある。

「Something old, something new, something borrowed, something blue, and a sixpence in her shoe.」(何か古いもの、何か新しいもの、何か借りたもの、何か青いもの、そして靴の中には6ペンス銀貨を入れて)

　こうしたストーリーにのせて、ジューンブライドシーズンにおける雲昌寺の青あじさいの情景がシンクロする。「古いもの＝お寺、新しいもの＝あじさいの生花ブーケ、借りたもの＝境内、青いもの＝あじさい」である。

　確かに、「死ぬまでに行きたい絶景」の中で結婚記念写真が撮れるとあって、予約が殺到するのも頷ける。

　価格は貸切料（夕方の1時間半）、衣装代、美容代、写真代がセットで29万7000円（税込）～という。このように、青に特化したあじさい寺、雲昌寺は多くの「副産物」を生んでいるようだ。

労働力を地元に頼る

　斬新なアイデアが次々と具現化しているのは、古仲副住職の情熱と行動力があってこそだ。

雲昌寺に生まれた古仲さんは高校を卒業後に上京。曹洞宗の宗門大学である駒澤大学に学び、卒業後は総本山永平寺に修行に入る。

　学生時代はある企業からのスカウトもあったが「仏飯で育てられた恩に報いたい」と故郷に戻ることを決意。それが、オウム真理教による地下鉄サリン事件が起きた1995（平成

7）年のことだった。
その頃の雲昌寺は、一家を養うのが精一杯の経済力だった。それどころか、年々檀家は減っていく一方。このままでは古仲さんが寺を継いだとしても、いずれは護持ができなくなる。古仲さんの次の世代には、無住寺院になってしまうことが危ぶまれるような状態だった。

男鹿市にある曹洞宗寺院は20か寺。うち2つの寺が無住だ。その2か寺とも雲昌寺が兼務している。兼務する側の雲昌寺ですら、あじさいで有名になったいまでも檀家離れに歯止めがかかっていない。

青のあじさいで境内を埋め尽くす計画は、古仲さんの寺の存続をかけた起死回生の試みだったといえる。2002（平成14）年以降、境内に1株1株、地道に株分けしていく作業が続いた。その苦労は尋常ではなかっただろうと推測する。

「植物の作業なので時期ごとにする作業が決まっているのですが、その時はたまたま檀家務めが忙しく、日中に時間が取れずに夜中の3時くらいまでヘッドライトをつけて1人で作業をしていました。土壌の悪いところの土を入れ替える作業では、重機が入れない場所は4トントラック1台分の土を一輪車とバケツで運んだりしました。それでも夢を描いてやっていたので、苦労とは思っていませんでした。むしろ、人が集まり出したいまが一番、大変かもしれません。あじさいによって地元経済が回り始めたのは確かですが、別のところで迷惑をかけているのも事実です」

古仲さんが頭を悩ませているのは、駐車場の問題だ。参拝客が集まるようになって120台ほどは停められるように整備した駐車場もすぐに手狭になった。近隣からの苦情も寄せられるように。少なくともあと100台ほど停められる駐車場が必要だ。

「お寺と地元の誰もがあじさいの恩恵を受け、不幸にならない体制に早くもっていきたい」（古仲さん）

あじさいのシーズン中、雲昌寺はキッチンカーや出店で賑わう。秋田名物のババヘラアイスの青色バージョン、プリザーブドフラワーの技術でつくられたあじさいのグッズや、レモン汁を入れると青から紫色に変化するあじさいティーなどを販売する。ひとつとして同じ柄がない、「あじさいお守り」や「あじさい御朱印」も人気を博している。

こうした販売にかかわる労働力は、地元の人の雇用によって賄われている。シーズン中の人件費は300万円ほどになるが、「収益も大事だけれど、過疎地にあって雇用を生むことはもっと大事」と、古仲さんは考えている。

近年は近隣の高齢者施設に頼んで、入居者に株分けや、お守りの中にあじさいの花びらを入れる作業を手伝ってもらっている。男鹿半島には子どもは少ないが、高齢者は多い。入居者によって株分けされたあじさいは、1シーズンで300~500株にもなる。春になってしっかりと根付いた株を、寺に戻してもらうようにしている。高齢者は花を育てることで喜びや充足感を得られ、施設には株分けの対価が支払われるという仕組みだ。

「あじさいの近くのお墓で眠りたい」

こうして地元を巻き込み、いまも株分けされ続けているあじさいは、雲昌寺の外でも花開き始めている。近年、新駅ができたJR奥羽本線泉外旭川《いずみそとあさひかわ》駅の駅前花壇には、地元の子どもらと一緒にあじさいの植樹がなされた。

また、JR秋田駅や秋田空港、地元小中学校の校庭でも雲昌寺のあじさいが咲く。県内各地に、青あじさいが拡大し続けているのだ。

「青いあじさいの花の近くのお墓で眠りたい」

そんな要望を受け、雲昌寺では、あじさいの花に包まれた永代供養の合祀墓の募集を始めた。価格は5万5000円/1霊と、県内でも「格安」の合祀墓だ。

都会に出た人が、故郷の墓をたたんでビル型の永代供養墓などに移す「改葬」が増えている。先祖代々の墓が完全に「墓じまい」され、遺骨が都会に移動してしまうと、もう二度と寺や故郷には戻ってこなくなる。墓じまいは、人口減少の種を生んでいると言っても過言ではない。

いかに、故郷の菩提寺にお墓を持ち続けてもらえるか。それが寺にとっても地方にとっても死活問題なのだ。古仲さんは、花のお墓と価格の安さで墓じまいによって長年住んだ土地との縁が切れてしまうのを食い止めようとしている。

雲昌寺は今後、どうなっていくのか。古仲さんには更なる夢がある。

実は境内に植えられているのはあじさいだけではない。春は桜、夏はあじさい、秋は紅葉《もみじ》と、季節ごとの花の名所にしようという計画を古仲さんは描く。いま枝垂れ桜とイロハモミジの株を、あじさいと同じように少しずつ増やし続けている。

「桜と紅葉は京都から取り寄せています。あじさいもそうですが、闇雲に植えてもダメ。境内を彩る植物は品種の見極めがとても大事なのです」

桜や紅葉は、あじさいとは異なり、大木になって寺が「名所」となるには数十年かかる。しかし、古仲さんは次代のためにそれを続ける。持続可能な寺と地域づくりのために。

未来予想
28
2040年

寺院葬が葬祭ホール葬を上回る

死者との対話が喪失

かつて日本各地でみられた「寺院葬」を取り戻そうとする動きが、活発化しつつある。主導しているのは、民間企業だ。

近年、「葬儀の場」としての寺院は姿を消しつつある。無宗教式の家族葬や一日葬、直葬などの葬送も増えてきている中で、あえて「寺院回帰」に向けた取り組みが始まった。

本来、ムラ社会の中での葬儀の場は「寺」や「自宅」であった。多くの人が自宅で看取られて亡くなり、そして地域の中で弔われたのである。戦後、高度成長期頃までは、それが当たり前の風景だった。

しかし、１９７６（昭和51）年を境にして、自宅死と病院死の割合が逆転。現在では、自宅死は17％にまで落ち込んでいる（厚生労働省『人口動態統計』2021年）。

病院死の場合、いったんは遺体を自宅に戻すのが慣例だ。そこに菩提寺の住職がやってきて枕経を営む。その後、遺体を葬儀会館に移して、通夜や葬儀を済ませるという流れである。

現在では、自宅に遺体を戻さないことが多くなっている。マンション住まいの人や都会に住む人にとっては、遺体搬入・搬出時の近隣住民の目が気になるところである。

遺体安置から葬儀会場の飾り付け、納棺、進行、火葬手続きまで、完全なパッケージ商品になっている葬儀社に一任するのが、喪主も寺も楽で合理的だ。葬儀会館は、寺に比べて清潔かつ、エレベーターや空調などが完備していて快適だ。

だが他方で、すべてが葬儀社のスタッフ任せになってしまうことの弊害も生まれている。本来、人が亡くなってから1週間ほどは故人と、残された人々とが向き合う時間が流れる。そこに住職が入り、死者と生者の橋渡しをする。死亡直後の枕経から始まり、通夜、葬儀・告別式、火葬、初七日法要……と、住職は慌ただしく動き回る。

一連の宗教者と遺族とのやりとりは、グリーフケア（悲嘆への寄り添い）につながっていた。寺院葬が少なくなってからは、癒しの作業がなおざりになってきているともいえる。

「僧侶が脇役」の葬儀は、勿体無い

葬儀社主導の葬儀だと、僧侶は葬儀会場では控え室に籠ることが多くなる。住職は喪主と挨拶程度の打ち合わせをした後に、読経を済ませると、速やかに自坊に戻っていく。これでは僧侶は、葬儀社がお膳立てした葬儀の歯車のひとつにしかならない。

そうした現状を憂いた人物がいた。

「いま、葬儀は『価格は安く』『時間は短く』という、効率重視になっています。本来の寺院葬を取り戻すことこそが、この時代に求められていると考えたのです」

そう語るのは、寺院葬サービス「てらそうそう」を手がける株式会社しゅうごう社長の西本暢《とおる》さんだ。共同事業パートナーの堀下剛司《たけし》さんと共に、2021（令和3）年に立ち上げた。これまで、ふたりは仏教寺院と深い関わりを持ち続けてきた。

西本さんは寺の長男に生まれた。自身は出家の道は選ばなかったものの「仏飯を食《は》んできた者として、お寺の役に立ちたい」と考え、終活関連サービス会社の鎌倉新書の常務取締役などを経て、同社を設立した。

一方で、堀下さんは先にも紹介したお坊さんのお悩み相談サイト「hasunoha（ハスノハ)」を、2012(平成24)年に立ち上げた人物で知られる。

そんなふたりが立ち上げた「てらそうそう」は、僧侶が主体となって、寺院で葬儀を執り行うことを目的とした、寺院支援サービスである。

「悲しみに誠実に向き合えるお坊さんはとても多い。宗教者だからこそ、発せられる言葉の重みもあります。葬儀は仏法を伝える場であり、檀信徒との関係を強化できる機会でもあります。それだけに、僧侶が脇役になっている現代の葬儀は、とても勿体無いことだと思うのです」(堀下さん)

そこで、寺院と葬儀社との役割を逆転させようと考えた。つまり、僧侶が「主」となって葬儀をプロデュースし、寺の本堂が葬儀会場になるというものだ。葬儀の司会も住職自身がやる。つまり、古き良き時代の寺院葬に回帰させる試みだ。

葬儀社は霊柩車やドライアイス、祭壇などの手配はするが、あくまでも住職を前面に立てて裏方に徹する。

寺院葬では、葬儀会館では難しい演出も可能になる。

葬儀会館は縦長の部屋が多い。構造上、参列者は祭壇に向かって、僧侶の背中をみているだけになる。しかし、本堂は横に広がる空間で、導師を囲むように席の配列ができる。そのため、儀式の様子が具《つぶ》さに観察できるのだ。
「たとえば、遺体の頭に剃刀《かみそり》を当てて、仏弟子になる作法など、その意味を教えてもらいながら、儀式を観察できるのも寺院葬のよいところ。住職と参列者との間に一体感が生まれ、とても感動したという喪主さんは少なくないです」（堀下さん）
寺の本堂での葬儀の場合、花の祭壇は最小限で済み、コストが軽減できることも、大きなメリットだ。寺には本尊を中心とした荘厳な空間が整っているからだ。
臨終後の儀式の場として、寺の本堂ほどふさわしい空間はない。また、地域の寺だと、近隣の人が集まりやすいという利点がある。

住職と喪主の関係はどうあるべきか

「てらそうそう」の寺院葬を取り入れている寺が、埼玉県新座《にいざ》市にある蓮光寺《れんこうじ》（真言宗智山派）だ。蓮光寺は檀信徒以外でも寺院葬を受け入れる。本堂も比較的新しく、葬儀会館と同等の設備が整っている。

蓮光寺の上田昭憲《しょうけん》住職は「葬儀の規模が小さくなっているいまだからこそ、寺と喪主とはより緊密な関係が求められると思って寺院葬を始めました。果たして住職が司会進行までできるのだろうか、との懸念を抱く寺院関係者も多いようですが、回忌法要は住職がひとりでやることがほとんど。葬儀から納骨まで、一対一で檀家さんと接するとコミュニケーションが深まることのメリットは大きいです。寺院葬をもっと広げていきたい」と話す。

西本さんはいう。「お坊さんが近くにいてくれて心強く、安心したという施主さんの声は少なくないです。寺院を地域と社会に開かれたよりどころにしていくため、今後も寺院を裏方支援していきたい」

当面は、首都圏に限って参画寺院を募集するが、将来的には全国に寺院葬を広げていきたいという。

「未来予想7」でも述べたように、2040（令和22）年には孤独死予備軍は3000万人を超えると推測される。この無縁社会の拡大によって、弔いの場は葬儀会館から寺院へと回帰が進むであろう。

未来予想 29 2035年

大規模災害多発で、伝承碑建立が国家事業に

次世代に向けて警鐘を鳴らす石碑

全国各地には「自然災害伝承碑」と呼ばれる、記念碑や慰霊碑が数千基ある。いつの時代も日本人は甚大な災害の後には、伝承碑を建立し、後世に受け継いできた。

自然災害伝承碑とは、大規模な洪水・土砂災害や地震・津波などの犠牲者を弔い、教訓として後世に残すための石碑やモニュメントのことである。国土地理院では2019（令和元）年より自然災害伝承碑の地図記号をもうけ、全国の市区町村に碑の情報を呼びかけるとともに、ウェブ上で公開を始めている。

たとえば、災害関連死を含め約2万2200人の死者・行方不明者をだした2011（平成23）年3月の東日本大震災。その後、東北沿岸地域には、多くの鎮魂の石碑（自然災害伝承

碑）が建立された。

鎮魂碑は犠牲者の供養を続けるとともに、津波の被害を語り継ぎ、次世代に対して「ここまで津波がやってきた」と警鐘を鳴らす役割がある。

かつて三陸大津波の後に建てられた「ここより下に家を建てるな」などの伝承碑の教訓を守り、東日本大震災での災禍を最小限に食い止めた地域もあった。

たとえば、青森県三沢市は２０１４（平成26）年に「東日本大震災　津波の碑」を建立している。人の頭上をはるかに超えて、天に向かう波をイメージしたデザインが斬新だ。

「昭和８年３月に発生した『三陸大津波』や平成23年３月に発生した『東日本大震災』など、自然災害は、人の想像をはるかに超え、大きな爪痕を残してきました。私たちは、この経験を心に刻み、未来に伝えていかなければなりません」とのプレートが掲げてある。

また、岩手県田野《たの》畑《はた》村では大津波のたびに「津波の碑」を建立している。１８９６（明治29）年（明治三陸地震津波）と１９３３（昭和８）年（昭和三陸地震津波）に起きた２つの大津波の伝承碑の横に、新たに「東日本大震災　大津波伝承の碑」を建立した。そこには「津波を甘くみないで　より早く、より高い所へ逃げる事」とある。東日本大震災関連の伝承碑は、青森県から栃木県まで、主なものだけでも１２０基以上も設置されている。

伝承碑の中で珍しいものは、２０１４（平成26）年に起きた、御嶽山《おんたけさん》噴火における慰霊碑（長野県王滝村《おうたきむら》）がある。突然の噴火によって登山者58人が亡くなり、５人が行方不明となった。噴火が起きた毎年９月27日には、碑の前で追悼式典が実施されている。

歴史を遡れば、最古の伝承碑は、１３６１（正平《しょうへい》16）年に起きた正平地震で押し寄せた津波の碑（康暦《こうりゃく》の碑、徳島県美波町《みなみちょう》）といわれている。

最近では２０２１（令和３）年、広島県安芸《あき》郡坂町《さかちょう》の小屋浦公園に西日本豪雨災害（２０１８年７月発生）の碑が設置された。伝承碑の横には、土石流で流れ出た巨石が置かれ、当時の様子をリアルに伝えている。さらに「災害から自分の身を守るためには、早めの避難をすることが最も重要」との説明が添えてある。

伝承碑は、地元自治体などが施主になって建立することが多い。自然災害の伝承に限っては、デジタルデータとして残すよりも、超アナログに石の造形物として残すほうが、はるかに効果的である。

感染症の伝承碑は存在するか

伝承碑は、水害・台風・地震・津波に関するものがほとんどだ。他方、感染症の伝承碑は極めて少ない。それは、パンデミックが数十年～100年という長期スパンで起きていることや、他の自然災害に比べて「防ぎようがない」という人々の諦めの境地もあったかもしれない。

国土地理院に問い合わせてみたところ、感染症に関する伝承碑の情報収集や公開は「国土地理院の定義の中での自然災害ではないので、感染症は対象外」とのことだ。

前回のパンデミックとして知られているのは、わが国だけで約2500万人が感染し、38万人以上が死亡したといわれる大正時代のスペイン風邪だ。日本においては、1918（大正7）年8月下旬から第1波が始まり、いったんは下火になるも1919（大正8）年秋から1921（大正10）年にかけて第2波以降が押し寄せたとされている。

筆者が調べた範囲では2か所、スペイン風邪の伝承碑が建立されている。

ひとつは大阪市天王寺区の一心寺にある慰霊碑だ。細長い角柱型で、正面に「大正八九年（大正8・9年）流行感冒病死者群霊」と刻まれている。施主は大阪市内の薬剤師小西久兵衛となっている。大阪では1919年の第2波がより強力なものであった。大阪全域では、47万人以上の感染者と1万1000人以上の死者を出している。

多くの人々が感染症で亡くなっていったのを目の当たりにし、小西は薬剤師としての無力感、責任感に駆られて伝承碑を建てたのかもしれない。いち民間人が私財を投じて伝承碑を建立したことに、頭が下がる。

ほかにも、スペイン風邪の伝承碑の類では、「丹後大仏（筒川大仏）」（京都府伊根町《いねちょう》）がある。高さ4mの大きな石仏である。

1917（大正6）年、地元の製糸会社の工場従業員116人が東京に慰安旅行し、多くが感染した。京都に戻ってきて発症、42人の工員らが死亡した。それを悼《いた》んだ工場長が翌1918（大正7）年に金銅仏を建立した。丹後大仏は第2次世界大戦時の金属供出の憂き目に遭い、現在の石仏が2代目として造られた。

この大仏の前では、毎年春にお釈迦様の誕生日を祝う花まつりが実施され、スペイン風邪の悲劇を伝承し続けている。

宮崎県では2010（平成22）年に家畜の伝染病、口蹄疫《こうていえき》が広がった。県全体では牛や豚、およそ30万頭が殺処分された。川南町《かわみなみちょう》や都農町《つのちょう》などでは鎮魂碑を建立し、例年、供養祭を実施している。

内閣府や厚生労働省に、「新型コロナ感染症の伝承碑を建立する動きや予定はあるか」と尋ねたところ、「いまのところは、そういった予定はない」とのことであった。動物の感染症の伝承碑は積極的に建てられたのに、人間の感染症の伝承碑建立の動きがないのが不思議である。

2020（令和2）年からのコロナ禍は、国内各地で累計10万人以上の死者を出す歴史的災害となった。新型コロナウイルスの感染症法上の位置づけが「5類」に移行したことで、数年も経てば今回のパンデミックはすっかり過去のものとして忘れ去られてしまうだろう。また、2024（令和6）年正月には能登半島地震が起き、北陸地方は甚大な被害を受けた。

100年後の次代への教訓として、政府や自治体主導で新型コロナ感染症の伝承碑を造ってもらいたいものである。

未来予想
30
2070年

宗教教育が公教育に組み込まれる

宗教リテラシーの欠如が招いた悲劇

日本人は、宗教リテラシーが「世界最低水準」である。その大きな原因に戦後の日本が、公教育から宗教を排除してきたことがある。その結果、宗教に対する知識や理解が著しく低下した。

仏教や神道に対する基本的知識すら、多くの日本人には欠けているのが実情だ。政治家やマスメディアの、宗教に対する関心も低い。旧統一教会問題が生じたのも、社会全体の宗教に対するリテラシーのなさが原因としてあるようにも思う。日本が真の共生社会を目指すためには、宗教に対する学びと理解が欠かせない。

2022（令和4）年秋に執り行われた安倍晋三元首相の国葬でのシーンが象徴的だった。

菅義偉《すがよしひで》元官房長官は弔辞で「天はなぜ、よりにもよってこのような悲劇を現実にし、いのちを失ってはならない人から生命を召し上げてしまったのか」と述べた。

このフレーズに違和感を覚えた人は、きっと少数だったろう。安倍氏は浄土宗寺院の檀家で、密葬を増上寺で行っている。仏教では死後世界を「浄土」「極楽」などと呼ぶ。「天（国）に召される」は、キリスト教徒やイスラム教徒に対する用語である。

死後世界の表現で「天国」が、一般化していることはわからぬではない。しかし、国葬の場で政治家が宗教用語を間違ってはまずい。多くの政治家が旧統一教会と結びついていたのも、まさに宗教リテラシーの低さが招いた結果といえる。

メディアも然りである。旧統一教会問題のような大きな事象が生じない限り、宗教記事を東京の大手メディアはほとんど扱わないし、専門の記者もいない。確かに京都には、かつて司馬遼太郎が産経新聞記者時代に所属した伝統ある記者クラブ「京都宗教記者会」がある。しかし、行政担当などと兼務する記者がほとんどだし、大手新聞社では人事異動が数年に一度あり、すぐに担当から外れてしまう。

読売新聞や朝日新聞、共同通信などといった巨大メディアの記者はそれぞれ２０００人ほどいると考えられるが、宗教に精通する記者は数えるほどだ。

政治家やマスコミが宗教のことを分かっていないのだから、多くの人々の理解が及ばないのは当然だ。日本人のおよそ7割が仏教徒といわれているが、菩提寺がどこの宗派に属するかすら、知らない檀信徒は少なくない。

大学の授業で学生に「寺と神社の違いは？」と尋ねても、言葉に詰まる者が多数派だ。そして、「自分は無神論者だ」と言って胸を張る。

旧統一教会問題のような宗教トラブルが生じると「宗教は怪しいもの」としてひと括りにされ、本質的な議論が進まないのも常だ。

先の戦争では国家と宗教が一体化した。多くの犠牲を生んだ反省に立って「政教分離」が実現したのはよいが、「思考停止」になってしまってはいないか。宗教に対する無知、無関心がこんにちの旧統一教会問題を生み出したといっても過言ではない。

宗教の授業は政教分離に違反するか

「宗教とは何か」から始まる基礎知識や日本人の宗教性、死生観などを学ぶ場がないのが問題だ。あえていえば特に公教育において、宗教の基礎学習が欠落している。

公立学校の中で宗教の授業が取り入れられないのは、戦後占領政策の過程で米国の教育モデルを取り入れたからとされている。米国の公教育では、宗教が排除されている。その上で、日本国憲法20条3項で「国及びその機関は、宗教教育その他いかなる宗教的活動もしてはならない」と定めている。

憲法20条を受け、戦後の教育基本法制定時の規定の概要には「宗教教育（第9条）」が盛込まれた。その第2項には、「国及び地方公共団体が設置する学校は、特定の宗教のための宗教教育その他宗教的活動をしてはならない」と明記されている。この規定からは、公立学校における宗教教育の限界がみえる。

だが、国が一切、宗教と関わりをもたないことなどは不可能だ。そこで政教分離を争った過去の裁判では「目的効果基準」が、違憲かどうかの判断材料となっている。

つまり、

①　**行為の目的が宗教的意義を持ち**

②　**行為の効果が宗教に対する援助、助長、促進又は圧迫、干渉等になるような行為**

になっていなければ、政教分離違反といえないのだ。したがって、公立学校が宗教の歴史や概論のような授業を実施することは何ら、問題がないはずである。

フランスやドイツにおける宗教教育

政教分離についての考え方は国家によって、まちまちだ。フランスは最も厳格な政教分離（ライシテ）を敷く国家として知られており、わが国同様に公教育の中では宗教色を一切排している。信仰の自由と平等を徹底しているのだ。フランスの学校では、十字架のネックレスやイスラムの女性が被るスカーフの着用が禁止されているほどだ。

しかし、フランスの場合、「米国流」を倣《なら》った日本とは違う。それはフランス革命に端を発する。カトリック教会による支配体制から、市民が自由を勝ち取った結実としての政教分離なのだ。

英国では政教分離政策は敷いているものの、公立学校で宗教の科目が必修となっている。子どもに宗教教育を通じて多文化共生への理解を深めさせ、真の国際人を育てることが目的だ。英国の調査会社サバンタが２０００人を対象にアンケートを実施したところ、64％が「今日の学校のカリキュラムに宗教教育が含まれていることが重要だ」と答えている。

ドイツに至っては、連邦基本法において「宗教教育は、無宗派学校を除く公立学校において正規の教科科目である」と定めている。その背景には、ドイツにおける、さまざまな信仰をもつ移民の多さ（総人口のおよそ2割）がある。

生徒は、カトリックやプロテスタント、イスラムなどの履修科目を選ぶことができる（州によって異なる）一方で、履修をしない権利もある。そこにはドイツ社会が宗教的多元性に対応しようとする意思が、感じられる。

日本は元来、宗教が深く生活に根ざしてきた国家だ。歴史や文化、政治や経済、もっといえば科学も、宗教を学ばなければ理解は深まらない。公教育の中に、宗教の授業を取り入れないことのほうが「不自然」と思われるが、いかがだろう。

未来予想 31 2070年

Z世代の終活で「新たな葬送」の模索が始まる

毎年、先祖のお墓に行く若者たち

Z世代にとって「お墓」はとても大事で、「死後世界」や「霊魂」の存在はしっかりと肯定している——。一見、科学万能主義の世情とは相反するような調査結果が出た。

筆者は、20歳前後の大学生を対象に「死生観」に関する調査を継続的に実施し、結果を取りまとめた。

近年、団塊世代を中心に「墓じまい」や「簡素な弔い」の傾向が強まっているということを、ここまで述べてきた。ところが若者の多くが、祖父母や両親の〝決断〟に「納得していない」可能性があることがわかった。

「死生観に関する調査」は、筆者が非常勤講師を務める東京農業大学地域環境科学部の授業で毎年4月に実施している。2018（平成30）年以降、2024（令和6）年までの毎年4月に計6回実施（コロナ禍の2020年は実施せず）。このたび、データを解析した（有効回答数1733）。なお、回答者の過半数は1年生（18歳、19歳が中心）である。

まず、「墓参り」や「墓の維持」に関して、複数の設問を用意した。「墓参りの頻度」については「1年に1回以上」墓参りすると答えた割合が全体の73％に達した。春秋のお彼岸やお盆、命日など年に複数回、定期的に参拝する割合は15％であった。

この結果からは、日本人の墓参りの習慣は変わらず続いており、先祖を敬う心は代々、受け継がれてきていることがわかる。

他方で、仏壇や神棚の保有率は年々減少しているのも事実だ。戦前までは、ほぼすべての世帯で仏壇・神棚を祀っていたといわれている。

しかし、NHK放送文化研究所が2018年に実施した「宗教に関する意識調査」（18歳以上、有効回答数1466）では、自宅に仏壇等の宗教的アイテムを置いている割合が、2008（平成20）年では51・4％だったのが2018年は39・7％と急速に減っていた。祈りの場と時間の喪失は、日本人の生活に少なからず影響を与えていくことだろう。

世代で異なる「墓の保有」の是非

続いて東農大生に、「あなたは、墓は必要だと思うか」と、問うてみた。すると「絶対に必要」が21％、「必要」が37％、「どちらかといえば必要」21％（お墓の必要性を肯定した割合は79％）との結果が出た。

一方で、「墓はなくていい」は8％で、「墓は必要ない」は1％（お墓の必要性を否定した割合は9％）に過ぎなかった。「墓は必要」との回答が、「不必要」との回答を圧倒していた。この割合は調査を始めた2018年以降、例年、同じような割合である。

同時に「あなたの祖父母・両親をどんな墓に入れたいか」について聞いた。「一族の墓に入れたい」が71％となり、「海や山野への散骨」9％、「墓はいらない」2％を大きく上回った。若い世代が「一族の墓を守っていきたい」と、強く願う気持ちが浮き上がってきた。これらは、想定外であった。

なぜなら、彼らの祖父母・親世代では「墓はいらない」「墓じまいしたい」と考える人が急増してきているからだ。

民間葬送サービス会社のハウスボートクラブは2023年、「墓じまいに関する調査（20歳以上、有効回答数871）」を実施した。

「墓じまいの検討をしたことがあるか」との問いに対し、全体の48％が「墓じまいを検討している、または過去に検討していた」との回答だった。

墓じまいを検討している理由として、「子どもに迷惑・負担をかけたくないから」が最多（27％）で、墓がなくなることについては「負担が減って楽になる」（28％）、「気にならない」（23％）などの回答があった。

また、冠婚葬祭総合研究所が2022（令和4）年に実施した「葬祭等に関する意識調査（40〜89歳、有効回答数2500）」でも、「お墓に入る意向」のある割合は49％と、半数を割っていた。

つまり、祖父母・親世代と子ども世代とでは、墓に関する考えにおいて、大きな齟齬《そご》を生じさせているのだ。

先述のように、「墓じまい」の風潮が広がっているのは事実である。祭祀継承者である祖父母や両親の中には、自身の老後資金や子ども・孫世代のことを考えて「墓の維持にはコストと労力がかかる。自分の責任で墓じまいするのが賢明」と判断している人が少なくない。

他方で、子ども・孫世代の本音は、「おじいちゃんやお父さんは墓じまいをしたがっているが、私は墓じまいはイヤだ」ということなのかもしれない。ある関西地方の僧侶が、こう言っていた。「墓じまいを前にして親族を集めたら、孫だけが反対し、墓じまいの話が流れたことがあった」

ややもすれば、親と子どもの死生観は相反するもの。ひとたび墓じまいをしてしまうと、取り返しのつかないことになりかねない。墓の管理や維持のことは、法事などの際に親族内でよく話し合っておくことが肝要だろう。

参考までに、「あなたや、あなたの親の葬儀はどの宗教で行うか」の設問結果についても、明らかにしておこう。

「仏式」が75%、「神道式」が7%、「キリスト教式」が2%、「その他の宗教」が2%、「無宗教式（友人葬・お別れの会など）」が2%となった。依然として、葬儀は仏式の割合が多い。お宮参りや受験の合格祈願は神社で、クリスマスや結婚式はキリスト教の教会でやるが、人生の最期の局面では仏教に委ねるというのが日本人の宗教行動なのだろう。

Z世代は、「ピュアに」死後世界と向き合っている

次に「死後世界」について質問してみた。

現代は科学万能主義の時代である。それでも、彼らは天国や極楽、地獄といった死後世界は、存在すると考えているのか。さらに、肉体が尽きた後も「無」にはならず、「魂」などの見えざる存在が残された者を見守り続ける、と信じているのか。あるいは、最近の若者は、無神論者の割合が多いのか。

結果は次のようになった。「死後世界を信じる割合」は62％、「霊魂の存在を信じる割合」は64％と同水準であった。

本調査に類似するものとして、先出のＮＨＫ放送文化研究所による調査がある。この調査では「祖先の霊的な力」「死後の世界」「輪廻転生（＝生まれ変わり）」などについても、世代別に聞いている。

その中の「死後の世界」の有無についての設問での、肯定の割合は37・４％（否定割合34・１％）だった。また、「祖先の霊的な力」への肯定割合は39・２％（否定割合32・１）であった。この調査でも、霊的な存在への肯定感は、大学生が成人・社会人より高いという結果になっていた。

若き世代はなぜ、見えざる世界を否定しないのか。

それは、まだ彼らが祭祀継承者（墓や仏壇の継承者）になっておらず、死後世界に関わる

「煩わしさ」を知らないから、と言えなくもない。Z世代は、「ピュアに」死後世界と向き合っているのだろう。若き世代が死後世界に想像を巡らすことは、人としての情操を育む上でも、重要といえる。

いつの時代も「死」を見つめ、考える

最後に、精神世界を取り巻いてきた社会環境の変化の流れもおさえておきたい。

1970年代以降、日本では「死後の世界」や「霊魂」のブームは盛衰を繰り返してきた。日本における「死後の世界」のトレンドの嚆矢は1971（昭和46）年、アメリカの精神科医エリザベス・キューブラー・ロスの『死ぬ瞬間』の邦訳の発刊だと言われている。そして、1985（昭和60）年頃から1995（平成7）年頃にかけて、「オカルトバブル」と言っても過言ではない時代に入った。

俳優・丹波哲郎の『大霊界』がシリーズ累計250万部の大ベストセラーになり（1987年）、霊能者・宜保《ぎぼ》愛子らがテレビに頻繁に出演し出した時代である。

新宗教（新新宗教）教団の設立が相次いだのもこの頃だ。1986（昭和61）年、大川隆法が「幸福の科学」を立ち上げ、「魂は永遠に命を持ち、輪廻を繰り返す」などの教えを広めた。

また、1987（昭和62）年は、麻原彰晃が「オウム真理教」を設立。麻原は高学歴の若者を入信させ、神秘体験を体得させる手法によって、次第に求心力を強めていった。

だが、1995（平成7）年のオウムによる地下鉄サリン事件発生以降は、死後世界への関心が急激に収束していく。「死後世界」や「霊魂」などはタブーと化した。オウム真理教が実践したヨガなど、神秘体験につながるカルチャーも消えていった。

2018（平成30）年には麻原彰晃の死刑執行が完了し、Z世代の中にはオウム事件そのものを知らない、あるいは関心を寄せない者も少なくない。精神世界へのタブーはもはや今日ではかなり払拭され、「ヨガ（マインドフルネス）教室」などは、再び大盛況である。

さらに近年は、死後世界への関心を高める社会的エポックが二度、訪れた。2011（平成23）年の東日本大震災と、2020（令和2）年以降の新型コロナ感染症の大流行である。日本人一人ひとりが「リアルな死」を見つめ、考えるきっかけとなった。

イエール大学教授のシェリー・ケーガン氏が著した『「死」とは何か』が、2019（令和元）年に日本でベストセラーになり、いまなお続々と精神世界に関する著作物が登場している。

「死」を考え、自己を見つめる最適のツールが「宗教」といえるのではないだろうか。

結びにかえて

宗教を学べば社会の本質が見えてくる

京都の嵯峨嵐山の寺で住職をしながら、月に2回のペースでプレジデントオンライン『京都発〝Bows Journal〟』を執筆している。本書は、２０１８（平成30）年12月から始まった連載の中から、特に「未来の仏教のあり方」を問う内容のものを選び、情報をアップデートし、加筆したものである。１本１本が読み切りになっているので、好きなところから読んでいただきたい。

主に、日本の仏教界で起きている出来事を、社会問題とからませながら、とりとめもなく書き綴ってきた。２０２４（令和６）年9月には138回を数えた。１回あたり３０００字程度でまとめているので、単行本３、４冊分は書いてきたことになるだろう。宗教と社会をテーマにして発信しているのは、本連載くらいではないかと思う。

なぜ、私が「宗教と社会の関係」にこだわり、主にビジネスパーソンに向けて発信し続けるのか。それは、私が長年、新聞・雑誌記者をやってきた経験から「宗教を学べば、社会の本質が見えてくる」との考えに至ったからだ。

たとえば新聞社には、事件・事故・自然災害などを扱う社会部、政治を扱う政治部、経済・経営を扱う経済部、芸術や芸能を扱う文化部、スポーツを扱う運動部などの部署があり、専門記者がたくさんいる。記者は日々、多くの情報源を追いかけ、記事を執筆し、読者に届ける。情報の受け手である日本人の、時事に関する好奇心とリテラシーは相当高いレベルにあると思う。

私は、社会・政治・経済・文化の各部署を広く浅く渡り歩いた、ゼネラリストタイプの記者であった。良くも悪くも、専門性を極めてこなかった。

もともと寺の出身で、浄土宗僧侶の資格を得ていた私は2018（平成30）年にサラリーマン記者を辞めて、自坊に戻った。法務だけでは食べていけないので、「宗教」を軸に取材をし、記事を執筆している。

そんな立場からみれば、宗教に関する一般向けの情報は、本当に少ないと思う。「宗教部」というような部署は、朝日新聞にも、読売新聞にも、ＮＨＫにもない。

確かに2023(令和5)年は旧統一教会の問題が世間を賑わせ、宗教法人の解散命令請求や宗教2世問題がメディアでも取り上げられた。だが、それも「現象論」の報道に終始し、宗教の本質を捉えた報道は少なかった。社会の宗教への興味やリテラシーは極めて乏しく、宗教や仏事に対して多くの誤解を生んでいる現状を残念に思っている。

宗教問題は、実生活に直結しない。宗教は「カネ」と「争い」ばかりで、弊害のほうが大きい。日本の仏教や寺院がどうなろうが、知ったことではない——。多くの人がそう考えるのはもっともだ。だが、私たちは宗教に「無関心」「無関係」でよいのだろうか。

多くの日本人は地域社会で生まれ、そのコミュニティの中で育てられてきた。その地域社会の中心には、寺や神社があり続けた。たとえば行事や祭りを通じて人が集うことで活力を生み出し、地域経済の源泉となってきた。政府は「大都市から地方へ」などと声高に叫ぶが、地域の寺社の再生なくして、地方創生などはあり得ないと、私は本気で思っている。そのためには、政治家も行政も我々も、寺や神社に関心を向ける必要がある。

経済界では次々と、不祥事が噴出している。近年、大企業による検査データ不正、あるいは経営者によるさまざまなモラルハザードが表面化し、社会的な制裁を受けるケースがでてきている。利益至上主義の行き詰まりをみるようである。

いま、欧米型の資本主義から、公益資本主義へのシフトが叫ばれている。公益資本主義とは、利益（りえき）は会社や株主のものであるとの考えから脱却し、公のための「利益（りやく）＝公益」を追求しようとする、新しい資本主義の考え方のことである。

この公益資本主義こそ、持続可能社会実現のための必須事項であり、仏教理念が通底しているといえる。仏教が、我々の生活の依拠となっていることを、本書を通じて知っていただければ幸いである。

本書で述べたように仏教側も、社会の求めに応じて少しずつ変化していかねばならない。「葬式仏教」から「医療・福祉仏教」への転換である。

「葬式仏教」とは、弔いばかりに熱心で、教えを説くことが疎かになっている仏教界を揶揄《やゆ》する言葉として定着している。この形骸化した葬式仏教から、「超高齢化社会を背景にした救済仏教」へとシフトする。つまり、いまを生きる人々をいかに救い取るかが、仏教の生命線になってくる。

具体的には医療の現場や福祉の現場に、宗教者である僧侶が入り、心のケアを行うことである。欧米では「チャプレン」という名称で、軍隊や病院などに宗教者が入り、スピリチュアルケアを行ってきた歴史がある。

厳格な政教分離を敷く日本では、公共の施設、とりわけ死の現場に僧侶が入ることが敬遠されてきた。だが、2011（平成23）年の東日本大震災をきっかけにして、被災者の苦悩や悲嘆に寄り添う宗教者への期待が高まり出す。「臨床宗教師」「臨床仏教師」と呼ばれる資格制度ができ、養成が始まり、成果を出し始めている。この「日本版チャプレン」が超高齢化社会、多死社会の中でより存在感を増していくことだろう。

なぜなら、孤独や死の恐怖に長期間さらされてしまうのが長寿化の側面だからだ。家族や地域共同体の中で看取る時代は終わり、多くが独りで死んでいく。孤独死予備軍は2040（令和22）年には3000万人にも及ぶ、と予測される。そうした中で、老いや病、そして死を受容するための新しい仏教の存在が必要になってくる。

いま若い僧侶の目も、こうした臨床の現場に向いている。僧侶が病院やホスピス、高齢者施設など医療・福祉の現場で活動する時代は、そう遠くはない未来のことだと思う。

本書をまとめている最中の2024（令和6）年1月1日。能登半島地震が起きた。石川県で最大震度7を記録し、輪島市や珠洲市などで甚大な被害が生じた。彼の地には多くの寺社が存在し、多くが被災した。テレビを見ていると、押しつぶされた寺の屋根が目に飛び込んできて胸が痛んだ。

時間がかかるだろうが、寺院再生を地域復興のシンボルにしてもらいたいと思う。

本書を世に出すにあたって、企画・編集を進めていただいたのがＰＨＰ研究所の大隅元《げん》さんだった。大隅さんとは『ビジネスに活かす教養としての仏教』（ＰＨＰ研究所、２０１９年）でご縁をいただき、今回、再びご一緒する機会を頂けたのが嬉しかった。毎月２本の拙著に目を通していただいているプレジデントオンライン編集部の大塚常好《ときよし》さんにも感謝。プレジデントオンラインでの連載は、まだまだ続く。

最後になったが、多くの取材先、仏教・宗教関係者、そして本書を手に取っていただいた読者の皆さんに、心からの御礼を申し上げ、ここにペンを置きたいと思う。

２０２４（令和６）年盛夏

京都・嵯峨　正覚寺にて

鵜飼　秀徳

仏教の未来予想年表

年	予想される出来事	予想NO.
2027（令和9）年	高齢者施設で「オンライン参拝」が当たり前に	17
2028（令和10）年	「大半の無宗教者」が選挙の行方を左右する	2
	アンドロイド仏が、各地で説法を開始する	16
	墓じまいブームが終わる	22
2029（令和11）年	寺院合体型ホテルの建設が相次ぐ	14
	樹木葬が墓の主流になる	23
2030（令和12）年	寺がLGBTQにとっての安全地帯になる	4
	生あるものへの弔いが多様化する	6
	単立寺院が1割を超え、買収される事例が増える	11
	自動搬送式納骨堂の倒産ドミノが起きる	13
	僧侶が「生成AI」に取って代わられる	18
2032（令和14）年	火葬場でお骨を完全消滅させるサービスが開始	19
2033（令和15）年	仏教版SDGsが発足	26
2034（令和16）年	「お布施」が有名無実に	24
	「戒名」がなくなる	25
2035（令和17）年	人間とペットが一緒に弔われる	5
	国宝・重要文化財のデジタルアーカイブが完了する	15
	「直葬」の割合が過半数に達する	21
	大規模災害多発で、伝承碑建立が国家事業に	29
2036（令和18）年	都内から「鎮守の杜」が消える	3
2040（令和22）年	多死社会で「骨葬」が増える	7
	「一族の墓」から「みんなの墓」に	8
	霊柩車が完全に姿を消す	20
	地方創生の切り札「寺院再生モデル」が各地で発足	27
	寺院葬が葬祭ホール葬を上回る	28
2050（令和32）年	ムスリム用土葬墓地が各県にできる	9
	東西本願寺が合併するか	12
2060（令和42）年	世界の仏教人口は著しく減少	1
	日本の寺が4万2000か寺に激減する	10
2070（令和52）年	宗教教育が公教育に組み込まれる	30
	Z世代の終活で「新たな葬送」の模索が始まる	31

PHP新書

PHP INTERFACE
https://www.php.co.jp/

鵜飼秀徳[うかい・ひでのり]

浄土宗僧侶、ジャーナリスト。1974年、京都・嵯峨の正覚寺に生まれる。成城大学文芸学部卒業後、新聞記者・雑誌記者を経て独立。2021年に正覚寺住職に就任。主に「宗教と社会」をテーマに執筆、取材を続ける。著書に『ビジネスに活かす教養としての仏教』(PHP研究所)、『寺院消滅 失われる「地方」と「宗教」』(日経BP)、『仏教抹殺 なぜ明治維新は寺院を破壊したのか』『仏教の大東亜戦争』(以上、文春新書)など。大正大学招聘教授、東京農業大学、佛教大学非常勤講師。

仏教の未来年表 (PHP新書 1413)

二〇二四年十月二十九日 第一版第一刷

著者――鵜飼秀徳
発行者――永田貴之
発行所――株式会社PHP研究所
東京本部――〒135-8137 江東区豊洲5-6-52
ビジネス・教養出版部 ☎03-3520-9615(編集)
普及部 ☎03-3520-9630(販売)
京都本部――〒601-8411 京都市南区西九条北ノ内町11
組版――石澤義裕
装幀者――芦澤泰偉+明石すみれ
印刷所
製本所――TOPPANクロレ株式会社

ISBN978-4-569-85804-3

ＰＨＰ新書刊行にあたって

「繁栄を通じて平和と幸福を」（PEACE and HAPPINESS through PROSPERITY）の願いのもと、ＰＨＰ研究所が創設されて今年で五十周年を迎えます。その歩みは、日本人が先の戦争を乗り越え、並々ならぬ努力を続けて、今日の繁栄を築き上げてきた軌跡に重なります。

しかし、平和で豊かな生活を手にした現在、多くの日本人は、自分が何のために生きているのか、どのように生きていきたいのかを、見失いつつあるように思われます。そして、その間にも、日本国内や世界のみならず地球規模での大きな変化が日々生起し、解決すべき問題となって私たちのもとに押し寄せてきます。

このような時代に人生の確かな価値を見出し、生きる喜びに満ちあふれた社会を実現するために、いま何が求められているのでしょうか。それは、先達が培ってきた知恵を紡ぎ直すこと、その上で自分たち一人一人がおかれた現実と進むべき未来について丹念に考えていくこと以外にはありません。

その営みは、単なる知識に終わらない深い思索へ、そしてよく生きるための哲学への旅でもあります。弊所が創設五十周年を迎えましたのを機に、ＰＨＰ新書を創刊し、この新たな旅を読者と共に歩んでいきたいと思っています。多くの読者の共感と支援を心よりお願いいたします。

一九九六年十月

ＰＨＰ研究所